**_Uwe Schmitt_**

*Mondtränen, Bürohelden und Küchengerüchte*

*Japanische Widerreden*

*Uwe Schmitt*

# *Mondtränen, Bürohelden und Küchengerüchte*
## *Japanische Widerreden*

*Picus Lesereisen*

*Picus Verlag Wien*

*Gewidmet der Reise- und Leselust*
*meiner Mutter Ingeborg Schmitt*


2. Auflage 2004

Grafische Gestaltung: Dorothea Löcker, Wien
Umschlagabbildung: Fujiyama, © Pictor
Druck und Verarbeitung: Remaprint, Wien
ISBN 3-85452-733-0

Informationen über das aktuelle Programm
des Picus Verlags und Veranstaltungen unter
***www.picus.at***

# *Inhalt*

## *Good Morning, Japan*

Nicht daß ich etwas einzuwenden hätte gegen bewegende Willkommensgesten. Aber Tôkyô, das mich an jenem Montag im April 2000, nach dreijähriger Abwesenheit, freundlich empfing mit Freunden, Wehmut und verwehendem Kirschblütenschnee, übertrieb erheblich. Es war halb sieben Uhr am Morgen, und der Jetlag schien zunächst die Sinne zu täuschen, als die Wedel der Zimmerpalme zu zittern, das Geschirr im Schrank zu klirren, verborgene Balken zu knacken, meine Beine in Gelatine zu versinken begannen: ein Erdbeben, *jishin*, nichts hatte ich weniger vermißt. Und wie Hunderte Male zuvor saß ich wie gelähmt, während unvorstellbare Mächte Flipper spielten mit Kontinentalplatten. »Laß es nicht das große sein.« Wohl eine halbe Minute fühlte ich mein Erdstoßgebet anschwellen mit dem Klirren und Knacken, und die Palme schlug aus wie im Sturm. Wir Erdenwürmer beten alle dasselbe. Ein leichtes in Japan, dessen Götter mit sich reden lassen, Götterkumpane, die nicht rächen, nicht drohen, nicht zuständig sind für Panikmache. Andere Mächte hatten ein Einsehen, als das trunkene Stoßen, bei Stärke fünf vielleicht, zu verebben begann. Das Schwindelgefühl betrogenen Urvertrauens bebte noch Stunden nach, die Demut wirkte länger. Willkommen in Japan.

Nie war mir die Symbolkraft eines wankenden Archipels so aufdringlich erschienen. Doch die folgenden zwei Wochen in Tôkyô belehrten mich in vielen Gesprächen, wie angemessen sie war.

Die zweitgrößte Industrienation der Erde wankt, ein Volk zweifelt an seinem Stehvermögen. Das einst neureiche, hochmütige Land, das bei meinem ersten Aufenthalt Anfang der neunziger Jahre die Märkte frivol gegeneinander ausspielte, den Nikkei-Börsenindex in den Himmel wachsen sah und im Westen Hochhäuser, Golfplätze, Unternehmen kaufte wie zollfreie Waren, scheint nach Jahren des wirtschaftlichen Niedergangs, den Glauben an sich verloren zu haben.

Es sind nicht mehr nur Ernüchterung und Selbstzweifel, wie noch 1997. Nun herrscht Furcht vor Kriminalität, Pleiten und Kündigungen, es herrscht Angst um die Jugend und vor der Jugend, die alle Konventionen dieser Rückversicherungsgesellschaft zu verachten scheint. Daß die Mädchen sich die Haare rot färben und sich schminken wie Pandabären, ist noch ihr geringstes Vergehen. Zynismus und Verzagtheit färben giftig die Kommentare über eine politische Klasse, die das Land unter Wert regiert. Ich hörte von Auswanderungsplänen gerade der Begabtesten. Ich sah mehr Obdachlose als je in Tôkyô und in den U-Bahnen mehr verhärmte, erschöpfte Menschen in ihren Sitzen unter neuen Schildern kauern, die vor sexuellen Übergriffen, vor »Grapschern« und ihrem schäbigen Handwerk warnen. Unvorstellbar noch vor wenigen Jahren. So wie die entmutigenden Aussichten der jungen Frauen – jede zweite Collegeabsolventin hat keine Aussicht auf einen Job –, die wieder Zuflucht in Ehen suchen wie ihre Großmütter. Zugleich vergreise das Land, hörte ich klagen, und Kinder seien zu teuer, die Zeiten zu unsicher: »Wir sind am Ende, auf hohem Niveau am Ende.«

Es sei wohl wahr, stimmte ich meinen traurigen Freunden zu, es stehe nicht sonderlich gut um Japan. Aber, fragte ich sie dann, gereizt von dem Defätismus, hingen sie denn im Ernst dem Kinderglauben an, Japan sei als Handels- und Kulturnation für immer am Ende, deklassiert auf ewig wie das antike Griechenland? Nur weil die Geschäfte einmal nicht so gut gingen? Dann hob ich an zu einer Lobrede auf ihre große Inselnation, die mir sieben Jahre Gastland gewesen war: anfangs, während der »bubble economy« ziemlich großspurig, aber dabei immer großmütig; kultiviert und subtil, der Schönheit und der schonenden Lüge aus Höflichkeit verpflichtet bis an die Grenze der Dekadenz. Das westlichste unter den östlichen, das östlichste unter den westlichen Ländern hat allen Grund zum Stolz. Es verdient Respekt, Rat vielleicht, alles andere jedenfalls als Mitleid.

Wer Gast ist in Japan, hat leicht reden. Er lebt, wie wir es von Gott in Frankreich glauben. Die Aufmerksamkeit der Japaner, die Planmäßigkeit ihrer Wohltaten mag für manchen, der Spontaneität und Improvisation schätzt, Züge von Nötigung besitzen. Wir anderen aber geben uns der wunderbarsten Entmündigung, die nichts dem Zufall überläßt, meist gerne hin. Einmal sehen, lehrt ein japanisches Sprichwort, ist besser als hundertmal hören. Es zählt zu den Eigentümlichkeiten Japans, daß auf den Fremden selbst hundertfach Gesehenes verwirrender wirkt als das erste Hörensagen. Mir jedenfalls erging es so als Korrespondent, ich traute meinen Augen im Laufe der Zeit immer weniger. Ich mußte bald erkennen: Je aufrichtiger ich mit mir und meinem Publikum war, desto offensichtlicher wurden die Widersprüche.

Muß ein Korrespondent sein Gastland lieben? Er sollte einmal verliebt gewesen sein, meine ich, staunend und leidenschaftlich. Man zehrt davon, denn es wird nicht von Dauer sein. Ja es wäre beunruhigend und legte den Verdacht der Erblindung nahe, käme er nie aus dem Schwärmen heraus. Man darf über das Fremde lachen – warum nicht? –, man darf spotten und Ironie an ihm schärfen, solange auch die eigene Ignoranz Ziel dieser Heiterkeit ist. Jede Regung scheint mir erlaubt. Mit zwei Ausnahmen: Verachtung und der Verlust der Neugier sind Todsünden.

Gibt es ein Land, das reicher wäre an Widersprüchen? Hingerissen wird der Berichterstatter von der formvollendeten Diskretion der Beziehungen, dem wunderbaren Willkommensein lärmender Kleinkinder, der schwerelosen Anmut der Frauen, von der noch immer beruhigenden Sicherheit der Straßen berichten. Und hingerissen wird er die Hingabe der Japaner beim lebenslangen Lernen und ihre handwerkliche Perfektion in beiläufigen Verrichtungen rühmen, die Kunst der Verhüllung und der Andeutung in Japans Gärten, Töpferwaren, Mode, Bauten, Badesitten, Gedichten, Speisen, Liebschaften.

Doch unversehens wird er aus diesem Wohlgefallen herausgerissen und abgestoßen von einer seltsam aufregenden Häßlichkeit in den Städten: der von Masten punktierte, von Kabeln zernarbte Himmel, die gekachelten Apartmenthäuser, deren Charme zwischen Intensivstation und Bedürfnisanstalt zu suchen ist, die grellen Spielhöllen der *pachinko*-Flipperautomaten, gleißende Fremdkörper wie abgestürzte Ufos in verschwiegenen Gassen; die Rempeleien in überfüllten Bahnhöfen, die kalte Grobheit von Gruppen gegenüber Außenseitern. Er wird die Fähigkeit zu schweigen als die höchste Form des gesellschaftlichen Takts preisen und als feiges Ritual des Totschweigens verfluchen. Er wird sich in die Kirschblüte verlieben, fasziniert sein von der Naturnähe der Japaner und fassungslos die Fahrlässigkeit und Dreistigkeit verdammen, mit denen Küsten, Wälder, selbst der heilige Berg Fuji-san von Müll verschandelt werden. Er wird die Abwesenheit von Frömmelei und Bigotterie loben – und vergeblich versuchen, Japanern den Nordirland-Konflikt zu erklären –, er wird schmerzlich die abendländischen Ideen der Nächstenliebe, der Aufklärung, Gleichheit vor Ärzten und Richtern, der Menschenrechte überhaupt vermissen. Er wird Gelassenheit bewundern und zugleich Apathie brandmarken, im Alltag und nach Katastrophen wie dem Erdbeben in Kobe im Januar 1995. Er wird nicht müde werden, den Angriffskrieg des Kaiserreichs im Zweiten Weltkrieg als Schande zu beschreiben, als Tat, nicht als Taifun, der über Ahnungslose kam. Der Korrespondent wird sich – spätestens nach den ersten empörten Leserbriefen – fragen, wie es kommt, daß kaum eine andere Kultur die Welt so polarisiert wie die japanische. Liebhaber, die Japan wie ein bedrohtes Paradies unter Kuratel stellen und Verächter, die die Erde von japanischer Hegemonieverschwörung eingesponnen sehen, haben häufig etwas Angestrengtes, und sie teilen den rigorosen Eifer ihrer Mission. Selten jedenfalls finden sich Vorurteilsfreiheit und ein normales Verhältnis zu einem Land, das sich erst vor 140 Jahren unter Androhung von Gewalt öffnete und seither in beispielloser Weise gelernt, gewandelt und vervollkommnet hat, was der Westen an Beispielen bot: das gilt im besten, schöpferischen und galt im schlechtesten, zerstörerischen Sinn. Musterschüler sind freilich nicht beliebt. Erst recht nicht, wenn sie der Erfolg zum Schulmeistern der Lehrer verführt, wie Ende der achtziger Jahre der Westen.

Heute ist es kaum mehr vorstellbar, daß die Wirtschaftssupermacht Ende der achtziger Jahre zunehmend auch mit Mißgunst im Westen und (durchaus selbstverschuldetem) Mißtrauen ihrer asiatischen Nachbarn leben mußte. Damals tat sich Japan schwer damit zu erkennen, daß es sich ebenso lohnt, Freunde zu gewinnen, wie Marktanteile zu erobern. Damals hatte ein japanischer Politiker die Stirn, amerikanische Arbeiter als lahme Analphabeten zu verhöhnen. Und ein amerikanischer Senator biederte sich im Gegenzug bei Fabrikarbeitern mit einem »kleinen Scherz« auf Japans Kosten an, als er empfahl, einen Atompilz an die Wand zu malen und darunter zu schreiben: »Gebaut von faulen, ungebildeten Amerikanern und in Japan getestet.« Der Senator setzte sich an die Spitze der Bewegung »Bash Japan – Buy American«. Die Absurdität »reinrassiger« amerikanischer Waren im Globalismus schien ihn so wenig anzufechten wie die beiläufige Nähe ihres Slogans zu rassenideologischen Vorbildern: »Kauft nicht beim Japaner!«

Es könnte – es müßte – die Chauvinisten beider Länder warnen, wie bizarr diese Anekdoten heute anmuten, da Amerika längst aus seiner Depression zu kraftstrotzendem Selbstvertrauen zurückgefunden hat und Japan in Trübsinn und Schwäche gesunken ist. Denn hat sich an der Substanz etwa der Frage etwas geändert, wie es Japan gelingt, zwischen Feudalzeit und Postmoderne zu pendeln, als sei der Schintoismus im Internet geboren, als ernteten seine Bauern Mikrochips in den Reisfeldern? Mitnichten. Dennoch ist es lehrreich, daß Japans Widersprüche, die einzelne Menschen zu extremen Urteilen reizen, auch Nationen in Versuchung führt. Spätestens seit der Öffnung des Landes nach 200 Jahren Abgeschlossenheit wird Japan vom Westen im radikalen Wechsel verehrt und geschmäht, gefürchtet oder unterschätzt. Warum kennt unser Japanbild zwischen dem weltentrückten Bettelmönch und dem weltverschlingenden Godzilla kaum Zwischentöne? Es scheint, daß der Westen noch immer nicht begreifen kann, wie es einem asiatischen Emporkömmling ohne Gott und mit spät geborenem Vaterland gelingen konnte, in den ureigensten Disziplinen des Abendlands mit ihm gleichzuziehen: erst im Kolonialismus – wobei Japan, mit Blick auf das ausblutende China, die Kühnheit besaß, in vorauseilender Notwehr gegen Begehrlichkeiten der Kolonialmächte selbst Kolonialmacht zu werden –, dann immer virtuoser im Kapitalismus.

Doch gehören zwei zu diesem Jekyll-und-Hyde-Komplex. Auch Japaner neigen dazu, sich wie die anderen alles zuzutrauen, am wenigsten aber Normalität. Und dies, wohlgemerkt, mit reichlich zeitlichem Abstand zum Kult des militaristischen Staats-Shintô, jener Pervertierung des naturreligiösen Ahnenkults, der dem Kaiser, Sproß der Sonnengöttin Amaterasu, die Pflicht übertrug, Asien an seiner Göttlichkeit genesen zu lassen. An Erklärungsmodellen herrscht kein Mangel. Eines besagt, der Gruppensinn der feudalistischen Reisbauernkultur stärke die Inselnation, zu Demut und Zähigkeit erzogen werde sie von Erdbeben, Taifunen und Vulkanausbrüchen. Als im Mai dieses Jahres Japans Ministerpräsident öffentlich sein Land als ein von den Göttern erwähltes Reich mit dem Kaiser als Mittelpunkt rühmte, gab es Proteste und böse Ahnungen in Peking und Seoul. Seine Richtigstellung, er habe sagen wollen, wie sehr Japan mit natürlichem Reichtum gesegnet sei, interessierte niemanden mehr. Aber umreißen solche Holzschnitte eines Nationalcharakters die großen Entschlüsse, Opfer, Kraftakte in der Geschichte Japans? Um sich den 7000 Inseln und 126 Millionen Menschen im Jahr 2000 anzunähern, sind sie so nützlich wie historische Seekarten im Cockpit eines Jets.

Der Wandel selbst ist in Japan eine Tradition, durch Wandel gelang es diesem Inselvolk, seine Identität und seinen Stolz zu wahren. Selbst wenn man nicht zurückblendet in die Frühzeit, als Buddhismus und Schrift aus China auf die Inseln kamen und umstandslos japanisiert wurden: Man kann sagen, daß sich kaum ein anderes Volk mit der Anpassungsleistung Japans in den vergangenen anderthalb Jahrhunderten messen kann. Von den Tagen, als die Todesstrafe darauf stand, als Ausländer die Eilande Japans zu betreten, bis zur Jetztzeit, da 1,5 Millionen legale Ausländer im Land leben, vergingen keine 140 Jahre.

Zwischen dem unrühmlichen Tag, an dem ein französischer Staatspräsident meinte, den Besuch eines japanischen Ministerpräsidenten als Visite eines »Transistorradioverkäufers« belächeln zu können und Buchtiteln wie »Japan als Nummer Eins« liegen kaum dreißig Jahre. Ein Lidzucken der Geschichte. Doch das Interesse ist, zum Schaden des Westens, durchaus nicht gegenseitig. Klaus Harpprecht erinnert in seinem Buch »Japan. Fremder Schatten, ferner Spiegel« (1993) an eine Bemerkung der Schriftstellerin Matsubara Hisako, die – »ein wenig gereizt (aber völlig zu Recht)« – meinte: »Die Weißen betrachten nicht-weiße Völker gern als anthropologische Studienobjekte. Daß sie als Weiße selbst auch Studienobjekt sein könnten, kommt ihnen selten in den Sinn. Es ist ihnen gleichgültig. Sie haben ja ohnehin die Welt erobert und geprägt.«

»So ist es«, notiert dazu Klaus Harpprecht. »Der Teufel hole die Völkerpsychologie, die sogenannte, die schlimmere Banalitäten als die Geopolitik, gröbere Stereotypen als der Vorstadt-Marxismus, dümmere Klischees als der Vulgar-Freudianismus produziert.« So ist es. Nieder mit dem Exotismus! Und in einigen Jahren, wenn Japan – wer zweifelte daran – seiner Misere entronnen ist, wird man vielleicht feststellen, daß die Beben vor Schwäche und vor Angst in Wahrheit schon Beben vor dem Sprung waren. Und eines Morgens wird Japan erwachen und begreifen, daß das Gespenst, das auf den Inseln umgeht, in anderen Industrienationen schon eine Weile bekannt ist. Man lebt schlecht und recht mit ihm. Es heißt Normalität.

## *Essensgerüchte*

In der Hauptstadt sind westliche Touristen mittlerweile ein vertrauter Anblick und bei den Bürgern recht beliebt, denn sie sind immer wieder gut für kostenlose kuriose Auftritte. Besonders dankbare Gelegenheiten sind solche, die durch den besten Reiseführer nicht vermieden werden können: Essen und Trinken nach Landessitte.

Manche Westler beweisen ihr tragikomisches Talent, wenn sie etwa sprachlos und diskret versuchen, das Glas Eiswasser zurückzuweisen, das in jedem Café oder Restaurant ungefragt serviert wird. Mutige und um den Respekt vor dem Gastland besorgte Reisende nippen schließlich mit Todesverachtung an dem Naß, nur um erschrocken zu erleben, daß ihnen sofort wieder reines Leitungswasser nachgeschenkt wird. Andere bleiben hart, entschlossen, nur Gekochtes zu sich zu nehmen. Schließlich ist man in Asien.

Dankbar und vertrauensvoll werden indessen die plastikverschweißten Handtücher entgegengenommen, die, im Sommer gekühlt, im Winter erhitzt, als Wohltat und ungefährlich anerkannt sind. Angeblich dienen die Tücher, die von Großwäschereien geliefert und abgeholt werden, auch noch der Annehmlichkeit im Schutzgeldgeschäft der japanischen Mafia. Diese, die *yakuza*, so hört man, kontrolliere die Wäschereien und setze einfach ihre Preise, die sich nach der Gästezahl des jeweiligen Restaurants richten, anhand des Verbrauchs der Tücher fest. Doch während dieses Gerücht eher Fragen der inneren Sicherheit in Japan berührt, läßt sich über eine Gefährdung für Durchreisende durch die einheimische Gastronomie mit ziemlicher Sicherheit eines sagen: Es gibt sie nicht. Mindestens nicht mehr als irgendwo in Europa. Essen in Japan: Sushi, Sashimi, Seetang und etliches anderes Rohes, mag Geschmacksache sein, eine Frage der Gesundheit ist es nicht.

Seit langem wird Tôkyô alle Jahre wieder die zweifelhafte Ehre zuteil, zur teuersten Stadt der Welt gewählt zu werden. Was das Essen und Trinken angeht, wird sie diesen Ruf mühelos gerecht. Abendessen in gediegen altjapanischem Stil für zweitausend Mark pro Gast sind zu haben und werden dank der großzügigen Spesenphilosophie der Unternehmen anstandslos bezahlt. Andererseits kann man überall in der Stadt, zu jeder Tages- und beinahe jeder Nachtzeit, ohne Mühe eine Nudelsuppe für umgerechnet fünf Mark und weniger bekommen. Wer sich nicht scheut, im Stehen den Mund voll zu nehmen, braucht in Tôkyô meist keine zwanzig Meter weit zu suchen. Auch in den teuersten Vierteln halten sich diese billigen Garküchen und Kneipen; die meisten (und oft die besten) sind nicht größer als zwei zusammengerückte Telefonzellen.

Die Chancen, sich dort den Magen zu verderben, sind schon deshalb gleich null, weil die Stammkunden anspruchsvoll sind und schon ein Gerücht das Geschäft ruinieren würde. Wo nicht mehr der Kontakt zum Kunden für Qualität bürgt, nimmt auch in Tôkyô das Risiko zu. Ende August veröffentlichte das Gesundheitsamt der Stadt einen besorgniserregenden Befund: mehr als dreißig Prozent von exakt 33.733 seit Juni untersuchten Lunchpakete, Sandwiches und Salaten waren mit

Bakterien durchsetzt, die zum Geschmack nichts beitragen, nicht zugelassen sind und Übles anrichten können. Der extrem heiße und schwüle Sommer sei verantwortlich zu machen, hieß es. Beanstandet wurden auch die dreisten Praktiken mancher Produzenten, die das Verfallsdatum ihrer Waren je nach Sonnenstand und Geschäftsgang neu festlegten.

Dem Amt war das Ganze so peinlich, daß es am Schluß des peniblen Berichts einen Entlastungsangriff führen mußte. In bestimmten ausländischen Produkten, von Orangensaft über Kaugummi bis zu Käse, hätten sich Lebensmittelfarben und andere Zusätze gefunden, die in Japan verboten seien. Ausländer in Tôkyô, deren Heimatländern man es aus Gründen der Gerechtigkeit tüchtig gegeben hatte, äußerten sich dennoch beruhigt über die strengen Hygienevorschriften. Sie wissen, wovon sie reden und was es bedeutet, wenn sie in ihren Unterkünften, auch in den feinsten, täglich und ohne Aussicht auf einen Sieg, in angeekelter Routine Jagd auf Küchenschaben machen, die in den feuchten Sommern an der Pazifikküste von alters her monströs gedeihen. Die Nachricht, ebenfalls im Sommer, daß ein stolzer japanischer Züchter der Welt größte Schabe, offenbar eine Kreatur von Handtellergröße, zustande gebracht habe, konnte niemanden überraschen. Mindestens bei solchen Rekordversuchen wird Europa noch eine Weile ohne Chance bleiben.

Kaum zu überbieten ist auch die Zahl von 184.492 Restaurants, Bars und Hotels, die für Tôkyô Ende der achtziger Jahre amtlich festgestellt wurde. Alle diese Etablissements müssen nach einem in Asien beispiellosen Gesundheitsgesetz einmal im Monat mit dem unangemeldeten Besuch eines Kontrolleurs vom Gesundheitsamt rechnen. Das Gesetz verlangt auf bewunderungswürdige Weise das ganz Unmögliche: Bestecke und Teller müssen etwa mit kochendem Wasser oder Dampf desinfiziert werden; das Waschbecken in der Toilette (Seife obligatorisch) muß mindestens 36 mal 28 Zentimeter messen – oft hat kaum die Toilette selbst diese Maße; einmal täglich muß zudem der Hitzegrad des Mikrowellenherdes überprüft werden; schließlich ist es strengstens verboten, Tôfu auf dem Küchenboden zu trocknen. 624 Gesundheitsinspektoren, unterstützt von 29 Veterinären, sind für die Einhaltung dieser Bestimmungen verantwortlich. Man hat für jeden der Herren ein tägliches Pensum von 13,44 Kontrollgängen in der Metropole errechnet und es an gebührender Bewunderung nicht fehlen lassen.

Die Erkenntnis, daß auch in Japan nicht alles so heiß gegessen und gekocht wird, wie von den Behörden verlangt, wird kaum verblüffen. Erstaunlich und wichtig ist, daß kaum einer je Schaden an Leib und Leben nimmt. Noch entscheidender ist, daß sich kaum eine andere Landesküche so sehr um die subtile Ästhetik des Appetitanregens bemüht wie die japanische. Es läßt sich bei den Stolzesten des Gewerbes sagen, daß kaum ein anderes Volk den Genuß und die Kochkunst mit größerem Ernst zelebriert. »Tampopo« (Pusteblume), die Filmsatire von Itami Jûzô, hat diesem kulinarischen Fanatismus ein hinreißendes Denkmal gesetzt. Am allerwichtigsten ist schließlich für den Alltag, was die öffentliche Nahrungsaufnahme vom zivilisierten Essen in Japan unterscheidet: nämlich daß Dienstleistung aller Art noch ein ehrbares Gewerbe ist. Was immer man von japanischen Spezialitäten hält, es scheint gewiß, daß der Gast nirgendwo sonst auf der Welt so gut bedient wird. Ohne ein Wort wird man noch immer subtil belehrt, daß die Essenz des vollendeten Essens eben nicht allein ist, was auf den Tisch kommt, sondern wie es aus der Küche kam.

## *Der Gesamtgeburtstag*

Es ist ein kalter, zugiger Dienstagmorgen in Suginami-ku. Eine angenehme, ruhige Wohngegend im äußersten Westen, der achtgrößte der 23 Bezirke Tôkyôs, wo über eine halbe Million Einwohner auf 34 Quadratkilometern leben. Seit halb zehn stehen sie in Doppelreihen und von zwei Seiten vor der Stadthalle an. Sie kichern, schwatzen und frieren, daß es ihnen die Nackenhaare sträubt. Der nackte Nacken, ein erotischer Imperativ von alters her, verliert ein wenig an Ausstrahlung bei fünf Grad. Lauter Mädchen, für einen Tag eingebunden in die anmutige Tradition des alten Edo, in den edelsten Seiden-*kimonos*, die Ärmel reichen, wie es sich für Unverheiratete gehört, fast bis auf den Boden. Auf dem Rücken spreizen sich die Schleifen der kunstvollen *obi*, die den Stoff zusammen- und die Frauen geradehalten, Gürtelgewinde aus Brokat, geschwungen wie Schmetterlinge, groß wie fliegende Eulen. Die Mädchen sind akkurat geschminkt und teuer frisiert: Papiernatur im Haar, stilisierte Blätter, Früchte, Blüten, umschlungen von Schnüren, Troddeln, ein zu Kopf gestiegenes Ikebana. Stundenlang haben sie an ihrem eigenen Verpackungskunstwerk arbeiten lassen. Jede einzelne ist hübscher als sie ist.

Die jungen Männer sehen aus wie immer, eher langweilige, uneinheitliche Jetztzeiterscheinungen heute mal im Smoking oder wie sonst in grauem Flanell oder Lederjacke. Kaum einer wagt sich auf die Stil- und Zeitebene der Mädchen und trägt die *hakama*-Rockhose, das Gegenstück zum langärmeligen *furisode-kimono*. Sie geben sich cool, schauen in irgendeine Ferne und rauchen schweigend. An diesem Tag werden die Mädchen endlich zu Frauen und übernehmen das heimliche Matriarchat in Japan; an diesem Tag bleiben die jungen Männer endgültig Jungs, während sie noch glauben, die Macht in Japan und über die Frauen zu übernehmen. Gemeinsam ist ihnen allen, daß sie heute volljährig werden.

Ein aufgeregter Mann schreit über sein quietschend rückkoppelndes Megaphon auf sie ein: »Ächtet den Krieg«, »Kein Blut für Öl«, »Sperrt Bush und Saddam Hussein zusammen in eine Zelle« und so fort. Niemand hört zu. Nicht einmal die Polizisten, die – lässig an ihren grauen, vergitterten Mannschaftswagen gelehnt – gönnerhaft über den Verkehrsstau wachen und die Mädchen nicht aus den Augen lassen.

Niemand hier kann behaupten, er wisse nichts davon oder halte womöglich nichts davon, erwachsen zu werden. Keiner wird einfach und für sich allein zwanzig, das heißt wahlfähig und strafmündig, wann es ihm paßt. Japans Staat selbst, der seine Bürger bei der Geburt naturgemäß ziemlich alleine lassen muß, gewährt als späten Trost die Gnade einer gemeinsamen Wiedergeburt. Der Stichtag und allgemeine Grund zu feiern heißt *seijin-no-hi*, einer von einem Dutzend nationalen Feiertagen im Jahr; einer der wichtigsten und womöglich für Nicht-Japaner befremdlichsten. Denn an diesem Tag geschieht es offiziell, daß der Staat in einem landesweit einheitlichen Initiationsritual die Eltern aus der Verantwortung entläßt und die Vormundschaft in der Großfamilie übernimmt.

Das eigentliche Geburtsdatum fällt nicht mehr

weiter ins Gewicht. Diesmal waren es beinahe zwei Millionen Fast-Erwachsene, geboren zwischen dem 2. April im Kaiserjahr Shôwa 45 (1970) und dem 1. April von Shôwa 46. Überall im Land wurden sie gleichzeitig in Bürgerhäusern und Stadthallen als Kinder versammelt, von kommunalen Honoratioren über Rechte und Pflichten belehrt und sodann kollektiv für voll genommen. Der japanische Staat und seine Industrie nimmt die Bürger an der Hand, sagt ihnen, was sie tun, lassen und kaufen sollen, und läßt sie nie mehr los. Natürlich hat diese Obhut auch die angenehmsten und zivilisiertesten Seiten. Aber in einem Land, das etwa nach einem kuriosen Nachkriegszeitgesetz zum Schutz öffentlicher Moral bis heute harmlose Tanzschulen unter dieselbe besondere Polizeiüberwachung stellt und sie aus Wohngebieten verbannt wie die übelsten Nepp-Nachtklubs, kennt die Sorge um den Bürger wenige Grenzen. Japan, sagen manche, sei das einzige real erfolgreiche, sozialistische Land. Wäre das so, dann käme *seijin-no-hi* einer Art Jugendweihe gleich.

Die Einladungen des Einwohnermeldeamts ergingen rechtzeitig im Dezember. Der Magistrat der Stadt Suginami-ku beehre sich hiermit, die Feier der Volljährigkeit des Empfängers aus tiefstem Herzen für den 15. Januar anzukündigen. Man erwarte, daß der Empfänger sich über seine neue Verantwortung im klaren sei und ein aktives und stolzes Mitglied der Gesellschaft werde und freundlicherweise zu der Feier erscheine, die in zwei Schichten, morgens und nachmittags, in der Stadthalle stattfinde.

Schon im August haben Mütter, die auf sich

halten, ihre Töchter zur Auswahl und Anprobe zu den *kimono*-Verleihfirmen geschickt. Um die tausend Mark Leasinggebühr für den großen Tag nehmen sich bescheiden aus neben mindestens fünftausend Mark Kaufpreis für einen angemessen prächtigen *kimono*, mit dem man sich nicht nur beim Staatsakt, sondern auch bei dem unabdingbaren Schreinbesuch und den nachfolgenden Parties sehen lassen kann. Der *kimono* wird am Morgen des Tages direkt zu den Friseurgeschäften geliefert, die sich mit Umkleidekabinen und Hilfspersonal auf den Volljährigkeitstag spezialisieren. Ohne kompetente Hilfe kann niemand den verwickelten *kimono* anlegen, selbst mit allen Handreichungen dauert es eine gute halbe Stunde. Bis vor wenigen Jahren flüsterten wagemutige Mädchen einander Telefonnummern von Firmen für den Notfall oder Glücksfall zu. Nummern von diskreten Zugehfrauen, die man am Abend des *seijin-no-hi* in die Wohnung des Liebsten oder in ein Hotel bestellen konnte, um wieder fachgerecht in den *kimono* gebunden und vermeintlich unberührt nach Hause zu den Eltern zu kommen. Der gnädige Service existiert nicht mehr. Wie die Mädchen heutzutage den Schein wahren, ist ihr Geheimnis.

Im Foyer der Stadthalle von Suginami-ku schauen die toten Augenflächen einer Gipsreplik der Venus von Milo auf erwachsene Schulhofszenen. Die Jungs rauchen ihre ersten offiziellen Zigaretten in der Öffentlichkeit und schweigen in Gruppen um die Wette. Die Mädchen rauchen heute ausnahmsweise nicht, weil die Jungs das an Mädchen nicht mögen. Es sei gesundheitsschädlich für Frauen, heißt es, und schicke sich für künftige Mütter nicht. Während sich drinnen in der unbeheizten, erbärmlich kalten Halle ein ergrautes Sextett namens »Dixie Kings« um Stimmung bemüht, hört man aus den Gruppen die ersten Klagen, daß die ganze Sache doch langweilig sei. Die Spannung steigt nicht gerade, als das eigentliche Festprogramm beginnt.

Drei Redner und eine Referentin machen sich planmäßig und erbarmungslos von elf bis Viertel vor eins um die Jugend verdient. Bürgermeister Matsuda, Erziehungssenator Furisahi und Wahlamtsleiter Miyajima appellieren je nach Zuständigkeit an besondere Nischen des neuen Verantwortungsgefühls, aber einig sind sie sich alle in der besonderen Hervorhebung von Rechten und Pflichten. Sie sollten ihren Eltern und Lehrern nicht vergessen, was sie für sie, die im Wohlstand Aufgewachsenen, an Opfern gebracht hätten, sagt Matsuda-san. Furisahi-san nimmt noch die Kriegsgefahr im Golf und die Umweltverschmutzung als düstere Lektionen hinzu. Miyajima-san erinnert etwas beleidigt daran, daß Suginami-ku bei den letzten Parlamentswahlen in der Wahlbeteiligung nur an zwölfter Stelle in Tôkyô gelegen habe. Die Wahlberechtigten zwischen zwanzig und dreißig hätten sich durch unverantwortliches Desinteresse hervorgetan. Im April stünden immerhin Kommunalwahlen an, und sie seien erstmals aufgerufen ... Nur wenige Neu-Erwachsene, vertieft in wichtige Gruppengespräche oder zur Erholung im Foyer, hören seine leidenschaftliche Ermutigung zu angewandter Demokratie. Erheiterung und enthusiastische Ablehnung erntet als einziger der Moderator der Feier, als er die versammelte Jugend auffordert, zur Feier des Tages

Blut zu spenden. Draußen vor dem Bahnhof stehe ein Bus des Roten Kreuzes, und wenn schon einmal so viel junge Blutgefäße beisammen seien ... Tatsächlich tauchen seit Jahren zuverlässig bei Schul- und Universitätsfesten Rot-Kreuz-Busse auf, deren guter Zweck außer Zweifel steht, die aber überwiegend von der Zielgruppe nicht angenommen und von manchen als »Tank der Vampire« verspottet werden.

Ebenso verläßlich tauchen bei den Staatsakten zum *seijin-no-hi* mehr oder weniger Prominente aus Funk und Fernsehen als Referenten auf, denen die jungen Leute vielleicht eher glauben. Suginami-ku hat im Jahr 1991 Nonaka Tomoyo, eine ehemalige »anchor woman« des öffentlich-rechtlichen Fernsehens NHK, gewonnen. Sie spricht zum naheliegenden Thema »Japan vor dem 21. Jahrhundert« unter besonderer Berücksichtigung der notwendigen sogenannten »Internationalisierung«. Möglicherweise ist es Frau Nonaka, die in der kalten Aula einiges Talent zum didaktischen Entertainment beweist, sogar ernst mit der Forderung, daß Japan sich der Welt öffnen müsse und jeder Japaner sich mehr auf sich selbst besinnen solle, statt der Menge zu folgen. Es sei höchste Zeit, *honne*, Substanz und Tiefe, vor dem *tatemae*, Stil und Schein, den Vorzug zu geben.

Aber was soll man noch herauswinden aus dem längst in die Jahre gekommenen Zauberwort der Sonntagsredner von der »Internationalisierung«, die bis zum Überdruß bemüht und je begeisterter beschworen wird, je weniger sie im japanischen Alltag etwas bedeutet. Mag sein, daß das Unbehagen dabei etwas zugenommen hat. Aber auch die heute Zwanzigjährigen leben in einem Archipel, der sich selbst genügt, und sie sehen, daß er auch Erfolg damit hat. Eine Individualisierung ist nicht unbedingt im Interesse einer Politik, die mit allem davonkommt, solange sie nur Stabilität und Wohlstand garantiert, und erst recht nicht im Interesse von japanischen Produzenten, die unter härtestem Konkurrenzdruck auf dem einheimischen, verspielten Markt alle drei Monate neue Modelle absetzen können, einzig mit dem Werbeargument, daß sie neu sind. Auf den Müllhalden bedienen sich Kenner inzwischen an einem warenhausähnlichen Angebot von neuwertigen und funktionstüchtigen Waren der Konsumgüterindustrie, die Wochen nach ihrem Kauf zum alten Eisen wurden. Frau Nonaka beschreibt ihn als vom Aussterben bedroht; doch noch gibt es ihn in Mengen, und er fühlt sich wohl in Japan: »I no naka no kawazu taikai wo shirazu« – den Frosch im Brunnen, der nichts vom Ozean weiß.

Auch Nonaka Tomoyo, die welterfahrene Journalistin, weiß das sicherlich. Ihr Plädoyer für mehr Selbstbesinnung und ihre Vision von mehr »Spielräumen« im Privaten sind aller Ehren wert. In den gruppendynamischen Alltag wird sie spätestens zurückgeholt, als sie am Ende ihres freien Vortrags um Fragen bittet. Keine Regung, kein Laut. »Bitte fragt«, fleht sie nach einer langen Pause, »sagt doch irgend etwas.« Schließlich hebt sie halb resignierend, halb winkend die Hände und murmelt etwas wie: »Na dann nicht.« Der Vorhang senkt sich, dröhnender Applaus. War sie nicht ganz unterhaltsam, Nonaka-san? Man geht durch den Nebenausgang ins Leben. Vor der Halle wartet die Nachmittagsschicht darauf, gemeinsam am 15. Januar erwachsen zu werden.

## *Schokoladenseite, einfach*

Die Überraschung ist perfekt organisiert. Es gibt kein Entrinnen, keine Ausreden. Welcher Mann heute abend mit weniger als fünf Geschenkarrangements, Herzen, Koalabären oder Golfbällen aus Schokolade, angetroffen wird, ist entweder Ausländer, arbeitslos, Diabetiker oder sagenhaft unpopulär bei seinen Kolleginnen. Für die Frauen gilt mit einer Zeitdifferenz von etwa zwölf Stunden dasselbe. Welche tatsächlich die Stirn haben sollte, am Morgen *Barentain dê*, Valentine's Day, ohne ein Paket teurer Süßigkeiten für Chefs und nahesitzende Kollegen im Büro zu erscheinen, setzt sich dem schlimmen Verdacht aus, Feministin zu sein oder (was auf dasselbe herauskommt) zu jenen fünf Prozent der Japanerinnen zu zählen, die laut Umfragen das einseitige Ritual als »erniedrigenden Kinderkram« boykottieren. Nicht doch.

Aber solche uncharmanten Totalverweigerinnen fallen kaum ins Gewicht. Die japanische Süßwarenindustrie kann sich erfahrungsgemäß darauf verlassen, in den ersten beiden Februarwochen über 37.000 Tonnen Zuckerzeug im Wert von mehr als fünfzig Milliarden Yen indirekt an den Mann zu bringen; das sind immerhin zwischen zwölf und zwanzig Prozent des Jahresumsatzes. Zwar schenken in Japan seltsamerweise nur die Frauen an diesem Tag, zum Ausgleich dafür aber doppelt großzügig. Denn während die allseitige Süßspeisung im Büro *giri-choko* nur eine quantitative »Schoko-Bringschuld« abgilt, darf es bei *honmei* (wahres Herz) für den festen Freund nicht so billig sein. Von Feuerzeugen über Krawatten und Kölnisch Wasser bis zum praktischen Übernachtungsset mit Pyjama, Zahnbürste und Atemspray bieten die Tokioter Kaufhäuser in Sonderabteilungen (»Nur für Frauen«) zum kommerziellen Großkampftag der Liebe alles, was sie auch sonst anbieten. Nur daß alles viel teurer ist und ein paar Pralinen dazugepackt werden. Wie im Westen, nichts Neues, eher der Fluch der späten Kopie.

Erst vor ungefähr zehn Jahren hat sich der Valentinstag als nationale Pflichtübung in Japan durchgesetzt. Daß das Fest nicht nur in seiner Herkunft dunkel ist, sondern auch nichts weiter zu bedeuten hat, als einen Vorwand zu geben für ein paar hübsche Geschenke und ein blendendes Geschäft, kommt der verspielten Alltagsästhetik Japans entgegen. Die einseitige Initiative der Frauen freilich als emanzipierte Geste der Gleichberechtigung am Arbeitsplatz zu deuten, käme einem grotesken Mißverständnis gleich. Nicht wenige der heute mit Schokoladengeschenken überhäuften Vorgesetzten geben ihren weiblichen Angestellten im Büroalltag keinen Grund zum Feiern. Nicht einmal dann, wenn die Chefs geschmackssicher am *Waito dê* (»White Day«), dem Männergegenstück zum Valentinstag Mitte März, ihre Schokoladenseite zeigen, indem sie geschätzten Mitarbeiterinnen selbst ausgesuchte Seidenslips und andere Reizwäsche schenken, wie es derzeit in der Tokioter City gelegentlich Sitte ist.

Es ist kein Scherz. In den letzten Monaten häufen sich wieder einmal die Klagen über verbale wie handgreifliche sexuelle Belästigungen über Diskriminierung und Erniedrigungen bis zur Kündigungsdrohung, wenn die Frauen einschlägige Angebote auszuschlagen wagen. Mehr als 42 Prozent der Befragten gaben in einer Studie des Arbeitsministeriums an, unter solchen Bedingungen arbeiten zu müssen. Noch immer ist es gang und gäbe, daß Personalchefs im Namen der Firmenmoral junge Frauen nur unter der Bedingung einstellen, daß sie schicklich bei ihren Familien leben. Lügen empfiehlt sich nicht, solange Heerscharen von Privatdetektiven gut davon leben können, die Lebensverhältnisse von Bewerbern – in besseren Familien übrigens auch von Heiratskandidaten beiderlei Geschlechts – peinlich genau auszuspähen.

Man läßt sich leicht und so gerne täuschen. Nur weil es heute auch die *kyaria ûman* (in japanisiertem Englisch: »career woman«) gibt, nur weil immer mehr Frauen immer mehr Geld verdienen und zur wichtigsten Konsumentengruppe in der Freizeitindustrie aufgestiegen sind, nur weil immer mehr junge Frauen immer länger alleine leben wird regelmäßig und fahrlässig ein Zeitalter der »neuen Frau« in Japan ausgerufen. Es wird vermutlich länger auf sich warten lassen, als manche Frauen in Japan hoffen und manche Männer fürchten. Man sollte nicht den Atem anhalten und bis dahin nicht nach Tagen, sondern nach Valentinstagen zählen.

## *Hundstage in Tôkyô*

Über nichts können sich Ausländer und Japaner leichter verständigen als über die Unerträglichkeit der Sommer an der Pazifikküste. Es ist, von alters her, eine Jahresunzeit. Man leidet gemeinsam, man stöhnt über die klebrige Hitze (*atsui desu-ne!*, »heiß, nicht wahr«) und genießt die zugige Gefrierkälte (*samui desu-ne!* »kalt, nicht wahr«) in Restaurants, Taxis und Cafés.

Auf diesen stolzen Service, der nicht nur eisigen Straßenstaub gleichmäßig über die Speisen und die verschwitzten Kunden verteilt, sondern auch hartnäckige Sommergrippen verursacht, wollen offenbar Dienstleistende in Tôkyô nicht mehr verzichten. Wer aber diesen Fortschrittsfrost flieht, tappt bald wieder lahm und wie geölt durch eine schlierige, dampfende Stadt, die in ihrem Warenverkehr nie müde werden darf und unter der Hitzeglocke die Dieseldünste als Parfüm ihrer Geschäftigkeit noch großzügiger verströmt. Über schnarrende Lautsprecher warnen fürsorgliche Stadtteilregierungen ihre Bürger einmal am Tag vor Smog- oder Ozonkonzentrationen. Ein Verfahren, das ebenso erzieherisch wertvoll und unnütz ist wie jene makabre Tafel mit der aktuellen Tagesunfallstatistik, die an jedem Polizeihäuschen dem interessierten Verkehrsteilnehmer mitteilt, wieviele von ihnen es heute schon erwischt hat. Das Erfrischendste an diesem Sommer, so meinen viele Tokioter, sei noch die endlose Kettenreaktion von Börsen-, Banken-, Waffenhandels- und Prüfungsbetrugsskandalen. Der Brokerskandal dieses Jahres 1991, der inzwischen weltweit Kreise zieht und vermutlich den Finanzminister zum Rücktritt zwingen wird, beschäftigt seit einigen Tagen auch das Parlament in einer außerordentlichen Sitzungsperiode. Es gelte ein altes japanisches Sprichwort, urteilte schadenfroh ein Leitartikel der Zeitung *Yomiuri* über die »nachsitzenden« Parlamentarier: Nur die Faulen arbeiteten in den Ferien.

Aber wer hat schon Ferien in Japan. Und wer kann gerade im Sommer etwas damit anfangen, wenn jede Aktivität ein Kraftakt ist. Die Rekordumsätze dieses Jahres bei Klimaanlagen (samt dem prognostizierten Zusammenbrechen des überlasteten Stromnetzes), bei Mineralwasser, Insektiziden und *unagi*, einem Aalgericht, das traditionell mit Pflaumen oder Wassermelonen genossen wird und angeblich auch bei großer Hitze nicht leicht verdirbt, sind weniger Zeichen der Zuversicht der Städter in ihrem Kampf gegen den Sommer als ihrer Einsicht in dessen Vergeblichkeit. Alle bleiben Opfer der Natur, die sich vier Monate im Jahr (die Regenzeit im Juni und die Taifunsaison im September eingerechnet) gegen ihre Aussperrung aus dem High-Tech-Zeitalter behaupten kann und gewissermaßen ihre Schändung rächt. Sollte es wirklich nur ein Zufall sein, daß in diese Zeit keine nationalen Feiertage fallen? Der sommerliche Erschöpfungsprozeß wird passenderweise umkränzt vom »Tag der Kinder« am 5. Mai und dem »Respekt-für-die-Alten-Tag« am 15. September; in der Zwischenzeit gibt es von Staats wegen nichts zu feiern. Dazwischen altert man nur fühlbar und wird langsam gar.

Wie steht es aber mit der Stadtflucht, an die

See, in die Berge, ins Ausland? Für alle drei Ziele, besonders für die (immerhin relative) Sommerfrische in den Bergen und auf der Nordinsel Hokkaidô, gilt, daß sie sich kein Japaner länger als einige Tage leisten kann. 7,4 Tage Urlaub gönnten sich japanische Arbeitnehmer durchschnittlich im Jahr 1990, verteilt über das ganze Jahr, versteht sich. Wer die Stadt verläßt, reist zudem in der Gewißheit, daß sich Millionen an Wochenenden und Abermillionen während des buddhistischen Allerseelen-Fests, der *Obon*-Woche Mitte August, in dieselbe Abgeschiedenheit zurückziehen und dabei alle Straßen, Bahnhöfe und Flughäfen des Landes überfüllen werden. *Obon* führt alljährlich zu einer innerjapanischen Völkerwanderung, weil ein jeder in seinem Heimatort den Ahnen huldigen und mit den Lebenden feiern muß.

Ursprünglich bedeutete das buddhistische Totenfest nichts als eine opfernde Zuwendung der Nachgeborenen an die »in den sechs Existenzkreisen umherirrenden Seelen«. Es wurde zum ersten Mal im Jahr 606 nach Christus schriftlich erwähnt, wird traditionell am 15. Tag des 7. Mondmonats gefeiert und ist auf dem japanischen Archipel längst mit schintoistischen, lebensfrohen Elementen verwoben. Den Japanern gelten die Ahnen, denen man Speisen, Blumen und Weihrauch darbringt, schon als erlöste Buddhas. Am 12. August 1985 erlangte die *Obon*-Woche in aller Welt eine schreckliche Berühmtheit, als beim Absturz eines Jumbo-Jets der Japan Airlines, »JAL 123«, auf dem Flug von Tôkyô nach Osaka über fünfhundert Menschen starben. Fast alle Passagiere waren Pilger auf dem Weg in ihre Heimatorte. Notorisch ist dieses Unglück auch, weil die Behörden alle Angebote der amerikanischen Streitkräfte in einer Mischung aus Lähmung, Panik und Stolz ablehnten, sofort, noch bei Tageslicht, nach Überlebenden zu suchen.

In diesem Sommer ist wie in jedem Jahr einzig Verlaß darauf, daß während jener Woche keiner das Land verlassen oder im Land umherreisen kann, der dies nicht schon Monate im voraus gebucht hat. Alteingesessene Tokioter und Ausländer teilen sich für ein paar Tage das Vergnügen einer relativ entvölkerten, beinahe verkehrsberuhigten Stadt: einen Käfig, dem man zwar nicht entkommen kann, der aber mehr Auslauf bietet und deshalb weniger Streß und Futterneid hervorbringt. Der einzige Nachteil ist, daß viele ohne Vorwarnung geschlossene Bars, Restaurants und Geschäfte von *Obon*-Pilgern Schneisen schlagen in liebe Gewohnheiten. Wie relativ der Exodus aus Tôkyô Mitte August bleibt, zeigt schon ein leichtsinniger Besuch in öffentlichen Freizeiteinrichtungen. O ja, es sind noch einige da, einige Millionen.

Wer das Wagnis eingeht, in Freischwimmbädern sein Glück zu versuchen oder gar an den wenigen Sandstränden um Tôkyô und Yokohama direkten Zugang zum Meer zu erwarten, bekommt es zu tun mit überwältigenden Mengen von Studenten (Semesterferien im Juli/August), Schülern (20.Juli bis 31.August) und Kindergartenkindern an der Hand ihrer Mütter (Mitte Juli bis Anfang September), die zudem stets – Verschwörung gegen die Ausländer, kein Zweifel – schon früher da sind als man selbst. Darauf ist immer Verlaß, und zwar überall.

Selbst wem das Schlangestehen am Beckenrand und das folgende Stauschwimmen, hart an den Fußsohlen des Vordermannes, sowie der ausschlagende Gegenverkehr in derselben Bahn schon aus den Tokioter Hallenbädern vertraut ist, hat doch einige Mühe, sich auf seine Sommererholung zu konzentrieren. Wohlgemerkt, es ist nicht einfach voll, nicht einmal nur überfüllt. Das Wasser ist gewissermaßen in der Unterzahl. Wenn alle gleichzeitig heraussprängen, so vermutet man, bliebe nicht mehr als Knöchelhöhe. Daß Kinder und Jugendliche die Macht übernehmen, das heißt als freigesetzte Kaufkraft mit viel Geld, Zeitaufwand und eisernen Nerven von ihren Eltern während der Ferien bei Laune gehalten werden müssen, läßt sich untrüglich an den Werbeeinschaltungen im Fernsehen verfolgen. Bis in den späten Abend hinein treten unablässig Kinder auf, zumeist süße, kleine Mädchen in Schuluniform oder auf Landpartie in einer unberührten japanischen Weite, die es ohne Absperrungen für Dreharbeiten, da sind wir sicher, nicht geben kann. Alle diese netten Kinder benötigen dringend Kinderheftplaster, Kartoffelchips, Schokolade oder Soft Drinks. Von ihrem hilflos freundlichen Vater werden die Kleinen nicht verstanden, die Mutter richtet es lächelnd. Aber nicht nur ihre von der Werbung behaupteten Konsumwünsche bringen im Sommer mehr Kinder ins Programm. Sie stehen in den Ferien auch als Zeugen einer intakten Familie zur Verfügung, wenn die Eltern zwischen den Anpreisungen von Supermärkten, Autos oder Magenmitteln zu wählen haben.

Folgt man also der Werbung, dann ist ausgerechnet der Sommer die Zeit unbändiger kompensatorischer Spendierfreude. Sei es, weil Frauen und Kinder abgefunden werden müssen für den fehlenden Urlaub, sei es, weil die Kaufhäuser so angenehm temperiert sind. Es trifft sich immerhin, daß die großen Firmen Mitte August gerade rechtzeitig eine der beiden »Jahres-Gratifikationen« ausschütten, ein doppeltes bis dreifaches Monatsgehalt, das im Familienbudget längst fest verplant ist. Weiter ist der Sommer die Zeit des allgemeinen *ochûgen*, eine jener beiden Termine, gesellschaftlichen Geschenkverpflichtungen gegenüber denen nachzukommen, die einem einst einen Gefallen erwiesen haben. Das kann der Ehevermittler sein, der Kunde, der Babysitter oder der Chef, ganz sicher sogar der Chef, der einem ja den Gefallen erweist, als Untergebener geduldet zu werden. 13 Geschenke hat eine Durchschnittsfamilie angeblich im Jahr zu machen, zehn erhält sie nach der Statistik. Kein gutes Geschäft also. Eine gigantische Industrie (geschätzter Umsatz im letzten Jahr: 134 Milliarden Dollar) übernimmt nicht nur das Warenangebot, sondern auch die Abwicklung, vollständig mit der traditionellen Jahreszeitpoesie, also hand-kalligraphierten Gesundheitswünschen »besonders jetzt im heißen Sommer«, fabelhafter Verpackung und Lieferung frei Haus.

Ganz Japan, so will es seit Jahren ein Gerücht wissen, habe diesen sinnentleerten Brauch satt, der tagelang den Verkehr zusammenbrechen lasse, Verpflichtungen endlos fortschreibe und dem einzelnen nicht mehr einbringe als eine aberwitzige Menge von Marketenderwaren – Dosensuppen, Seifensortimente, Pulverkaffee, Handtücher und Salatöl sind noch halbwegs beliebt. Diese Dinge in einem »Recyclingverfahren« weiterzuverschenken, berge angesichts der Länge der Schuldlisten das beträchtliche Risiko, dem Ursprungskäufer seine Ware allzurasch wieder zu schenken. Und das, so erstarrt das falsche Ritual auch sei, wäre eine echte Beleidigung, die nicht mit der doppelten Menge Geschenke gutzumachen wäre.

Was also bleibt zu tun, um dem Sommer an der Pazifikküste, seiner gemeinen Schwüle und seinen anstrengenden Ritualen wenigstens stundenweise zu entkommen? Diskotheken sind für die meisten nicht regelmäßig erschwinglich, außerdem schließen sie auf Wunsch der Polizei um Mitternacht. Eine Kinokarte kostet mindestens zwanzig Mark. Jugendliche treffen sich nachts in den Parks und jagen Feuerwerkskörper in die Luft oder röhren auf Motorrädern in Pulks mit stotternd aufgerissenem Gaszug so lange durch enge Gassen, bis sie sich selbst auf die Nerven gehen. Die Polizei schreitet nie ein. Aber auch Ältere wollen im Sommer leben. In populären Restaurants einen Platz zu bekommen verlangt neben reichlich Geld viel Geduld. Nicht zufällig gaben bei einer Untersuchung des Arbeitsministeriums im letzten Jahr nur 39 Prozent der Befragten an, sie wollten im Urlaub »innerhalb Japans reisen«; 60 Prozent erklärten, sie planten, sich während ihrer Urlaubstage »zu Hause zu erholen«, 45 Prozent spezifizierten ihre Erholung und gaben an, die Tage mit dem Genuß von »Fernsehen und Videos« zu verbringen.

Der Trend zum Heimurlaub wird sicher noch stärker werden. Denn wie so oft in Japan, und besonders im Sommer, wollen zu viele Menschen zur selben Zeit dasselbe und verhindern es dadurch füreinander. Öffentliche Tennisplätze in Tôkyô etwa verlangen, sich mindestens sechs Wochen vor der großen Stunde auf Datum und Uhrzeit festzulegen und sich auf das Erscheinen von mindestens vier Spielern pro Platz zu verpflichten. Eine dreihundert Quadratmeter große Polyethylen-Insel, die, ausgestattet mit Musik, Palmen und Restauration, Ende Juli von einem Sponsor vor einem beliebten Strand in Kanagawa vertäut wurde, brachte es als volksnahe Sensation bis in die Fernsehnachrichten. Der Strand war schwarz, die Insel, aus Sicherheitsgründen, nur dunkelgrau von je 150 Menschen. Wartezeit für den Schlauchbootzubringer: mindestens eine Stunde.

Es soll hier nicht bestritten werden, daß es Leute in dieser Stadt gibt, die den Sommer lieben. Es sind solche, die es genießen oder wenigstens gleichmütig hinnehmen, wenn ein salziger, faulig-venezianischer Kloakendunst daran erinnert, daß einige der feinsten Gegenden Tôkyôs dem Meer abgewonnen wurden; wenn U-Bahn-Schächte schon morgens zu sprudelnden Friteusen werden; wenn sich auf Anzugjacken spiralförmige Wasserränder abzeichnen wie Batikmuster; wenn Stadtviertel nachts zu Regenwäldern vermodern; wenn Legionen von Küchenschaben (*gokiburi*) alias blatta orientalis die feuchtwarmen Häuser überrennen, besetzen, nahe der Mülltüte zu Daumengröße gedeihen, auf der Flucht vor einer gerollten Tageszeitung jedoch ihren Körperumfang um ein Drittel schrumpfen lassen können; wenn jeden Tag entlang der Parks lange Reihen von Wagen mit laufendem Motor parken, deren erschöpfte Besitzer, fleißige Büroarbeiter, mit Blick ins Grüne und vollklimatisiert dösen oder im Liegesitz stundenlange Mittagsschläfchen halten, wenn die Schweißtropfen von Handgelenken in den Halteschlaufen überfüllter Vorortezüge die Zeitungsseiten der Sitzenden stellenweise verwelken lassen.

Solche Menschen aber, denen das alles nichts ausmacht, sind zu beneiden. Denn natürlich ist die Verdammung des japanischen Sommers so sinnvoll wie die Fristenregelung für Gewitter und das gesetzliche Nachtflugverbot für Taifune. Sich fügen, spart Kraft. Käme es aber, so unser Wachtraum, zu einem revolutionär-utopischen Wetterplebiszit, das endlich darüber befinden könnte, ob der Sommer als Jahreszeit in Japan künftig ausfallen sollte, dann scheint gewiß, daß, sagen wir gegen eine Extra-Urlaubswoche als Entschädigung, das Frühjahr fortan ohne Verzug in den Herbst überginge. Jawohl, nieder mit dem Sommer, tötet ihn, hängt ihn auf – kühlt ihn zu Tode!

## *Wisse zu sterben!*

Kimura Fumiko war 33, als sie beschloß, ihren untreuen Ehemann durch Selbstmord anzuklagen und zu beschämen. Niemand wüßte von dieser ganz alltäglichen Tragödie, wäre sie an jenem Januartag im Jahr 1985 still und spurlos vor einer japanischen Küste ertrunken. Aber weil es der Strand von Santa Monica war, weil sie ihre sechs Monate alte Tochter im Arm hielt und an der Hand den vierjährigen Sohn, als sie ins Wasser des Pazifiks ging, weil schließlich das Schicksal es wollte, daß sie als einzige errettet wurde, wurde Frau Kimura als zweifache Kindesmörderin zu einem Fall für Gerichte und Psychiatrie in Amerika und zu einem doppelten Trauerfall von nationalem Mitleid und Beileid in Japan.

Denn was ihr mißlang, trägt im Japanischen einen Namen, in dem von alters her elterliche Verantwortung ebenso mitschwingt wie endgültige Verzweiflung: *oyako-shinjû* – der fürsorgliche Kindesmord einer Selbstmörderin, die ihr Liebstes eher mit sich in den Tod reißt, als es der Rachsucht des Feindes oder auch nur der Kälte der Waisenwelt auszusetzen – ist nur eine der dramatischsten Eigentümlichkeiten im kulturellen Kode Japans. Eigentümlichkeiten, die, offen oder in Unterströmungen, anachronistisch fortzuwirken scheinen, in Wahrheit aber als metachronistisch treffender beschrieben sind. Unter der grellen Schellenkappe des Amerikanismus ist das Japan der Moderne zum formidablen Mitspieler unter den High-Tech-Nationen aufgestiegen, selbstverräterisch, amerikanisiert ist es deshalb jedoch noch lange nicht, schreibt Maurice Pinguet, »vielmehr wurde dieses Land, indem es blieb, was es war, zu dem, was es heute ist«.

Der Literaturwissenschaftler, Japanologe und Soziologe, der diesen Widerspruch begreift und intellektuell aushält und noch anderen fabelhaft begreiflich machen kann, warum sich aus der Gleichzeitigkeit des Ungleichzeitigen Japans Talent, Stärke und Jammer erklären, könnte ein Held der japanischen Intelligenzija sein. Wäre er nicht manchmal etwas zu ironisch und kritisch, verliebt in die Würde des Freitods (erst recht eines freien Lebens) und noch dazu Franzose. Es ist also nur traurig, nicht überraschend, daß sich in einem der besten Archive für englischsprachige japanische Zeitungen des Landes nichts über Maurice Pinguet finden läßt. Nichts über seine Zeit am französisch-japanischen Kulturinstitut in Tôkyô (1963–68), seit seiner Rückkehr nach Japan 1979 nichts über die Jahre des ehemaligen Professors für französische Literatur an der Sorbonne, auch nicht eine Zeile im Jahr 1987 über die japanische Ausgabe seines »La mort volontaire au Japon« (1984), nicht einmal ein paar Zeilen über den Tod des 62jährigen, im Streben und im zu frühen Sterben Foucault und Barthes nachfolgend, im April 1991 in Paris. Kann denn einer einfach aus dem Angedenken der Japaner verschwinden, der in einem Buch dem Freitod ihrer Tapferen aus zehn Jahrhunderten, ihren Mönchen, Müttern, Kriegern, Schriftstellern, Kurtisanen, *kamikaze*, den anmutigsten und ruhmreichsten Nachruf widmete, über allen dem *samurai*, »einem der höchsten Menschentypen, die es je auf Erden gab«?

Pinguet würde lachen. Er würde auf die Abwesenheit von Idealismus und Metaphysik in Japan verweisen und – wenn es ihm gerade einfiele – aus seinem Buch einen Mönch aus dem 8. Jahrhundert zitieren: »Das Dasein in der Welt ist das Nirwana.« Basta, kein Jenseits, Sein ist Zeit. Klagte dann noch einer weiter um seinen Nachruhm, ließen sich Nietzsche und Heidegger leicht als Zeugen der Verteidigung des Freitods aufrufen, wie er es häufig macht, mehr implizit als ausdrücklich, für einen heiteren Nihilismus in seinem Kulturvergleich. Klug achtet Pinguet darauf, daß er jedem das Seine läßt, was der sich gab, auf Gedeih und Verderb und je nach Epoche: den Europäern die Furcht vor Gottvater, Gesetz, Strafe, Sünde, Fegefeuer; den Japanern mütterliches Über-Ich, Gruppenschutz-, -haft und -hörigkeit, natürlich *seppuku*, den grausam quälenden Selbstmord durch Bauchaufschlitzen nach Geist und Kodex der *samurai*, aber auch »Erstarrung im Narzismus der Selbstzurücknahme«. Pinguet hält niemals Tribunal, leistet es sich nicht einmal, länger als für einige Absätze Partei zu ergreifen. Gehen Bewunderung und Sympathie mit ihm durch, verordnet er sich etwas Spott oder eine Radikalkur in historischer Strenge. So, wenn er über seine tugendhaften *samurai* berichtet, es sei ihnen zwar verboten gewesen, in kampfarmen Zeiten ihre Schwerttechnik am nächstbesten wehrlosen Bürger final zu erproben, ein Verstoß gegen dieses Gesetz habe aber keine Folgen gehabt. Oder, wenn er anmerkt, es sei üblich gewesen, die nötige Virtuosität beim Enthaupten eines *seppuku*-Verübenden – »ein härteres und unwirksameres Selbstmordverfahren läßt sich kaum vorstellen« – als *kaishaku* (ein Sekundant schlägt dem qualvoll Verblutenden den Kopf ab) durch eine Nebentätigkeit als Scharfrichter gängig zu halten: »Es gab eine Zeit, im 17. Jahrhundert, in der es als Gipfel der Kunst galt, einen schmalen Lappen Haut stehenzulassen, der den Kopf am Körper zurückhalten und ihn daran hindern sollte, auf eine als nicht anmutig erachtete Art auf den Boden zu rollen. Die Mode mischt sich überall ein.«

Nicht bei Pinguet. Er verschachert nichts an die Mode, aber er verschwendet sich auch nicht an die Konvention. Auf den ersten 65 von 320 Seiten scheint oft allein seine Assoziation Ketten zu bilden. Vom »Harakiri des Cato« (überliefert in grausiger Poesie und Anatomie von Plutarch) über den Niedergang der Polis, wo man den vernünftigen Freitod nur bei Freien pries, Sklaven aber die Anmaßung zu entleiben, was ihnen nicht gehörte, als Verbrechen anrechnete, zurück zu den »dunklen Toten«, die der Freitod-Verächter Platon an einem menschenverlassenen Ort verscharrt haben wollte, über König Saul und seinen Schwertsturz zur Entmündigung der Bürger zum Untertanen im Cäsarismus bis zu mitleidsvollen Irrenärzten und moralisierenden Statistikern des ausgehenden 19. Jahrhunderts – so wagemutig springt Pinguet durch die Jahrhunderte, einer geheimen Orientierung folgend, im abendländischen Gruselkabinett des Suizids. Wer ihm traut oder einfach seiner Sprachgewalt verfällt, kommt stets an. Sätze weisen Wege und leuchten auf wie Leuchtspursalven: »Der Himmel leert sich, und der Tod Gottes bringt die Menschen um.« Bald tappt man aus der Umnachtung in gleißendhelle Zonen wie die »Arithmetik der Selbstmorde«, wo Pinguet mit fast schmerzlicher Sachlichkeit Totenscheine ausfüllt und Zahlen referiert.

Seit 1882 gibt es in Japan Aufzeichnungen über Selbstmorde; fast immer liegen sie im europäischen Mittel, nicht selten unter den Werten schwermütigerer Länder wie Ungarn, Österreich, Deutschland; während des Pazifischen Krieges gibt es die übliche Reduktion um die Hälfte: Man stirbt anders in solchen Zeiten. Über zehn Jahre nach der Niederlage, 1958, bringen sich fast 22.500 Japaner um, zwölf Prozent davon junge Männer, als Opfer eines Sekundäreffekts nicht im Krieg, sondern »am Krieg gestorben«, wie Pinguet feststellt. Danach pegelt sich die Zahl der Freitode unter banalen Konkurrenten ein; 1970 starben 21.535 Japaner auf den Straßen. »Der Verkehrstod, absurd, zufällig und dumm, war der Tod der sechziger Jahre; man tötete sich, ohne daran zu denken.« Noch heute, schreibt Pinguet 1983, sei die Zahl der Selbstmorde in der Schamkultur Japan dreimal so hoch wie jene der Morde. Im Jahr 1990, so darf man aktualisieren, kommt die Zahl der Selbstmörder trotz seit Jahren sinkender Tendenz mit 21.346 dicht an die Verkehrsopfer von 1970 heran, deren Zahl sich inzwischen halbiert hat. Das Leben auf den Straßen ist folglich heute doppelt so sicher wie das Glück im Leben? Was auch immer einen Menschen dazu bringt, Schluß mit sich zu machen, Pinguet empfiehlt nicht ganz im Ernst als »beste Selbstmordprophylaxe« den Zen-Buddhismus. Ohne Illusion keine Enttäuschung, notiert er, und läßt dann einen Zen-Priester noch etwas zur Abschreckung hinzufügen: »Sich töten, heißt noch nicht frei zu sein.«

Maurice Pinguet ist es, der den Zauber seiner

Sprachmagie wieder brechen muß, wenn es nach seinem Gefühl ginge, ließe er noch den ärmsten Hund in Schönheit sterben oder sich morden. Aber er beugt sich weitgehend dem Lauf der Geschichte: von der bis zum Dekadenten feinsinnigen *heian*-Periode um 1000, die laut Pinguet der Menschheitsgeschichte zur Ehre gereicht, weil sie für Jahrhunderte auf die Todesstrafe verzichtete, geht es in das Gemetzel der Bürgerkriege, in denen Geschlechter einander aus Furcht vor der Vendetta bis ins letzte Glied ausrotteten; das »Bauch-Aufschlitzen« (*harakiri*) wird erstmals bei einer Frau erwähnt, kommt aber erst Ende des 13. Jahrhunderts in immer mehr Situationen für Soldaten in Frage: Treue, Verachtung, Sühne für Leichtsinn, Ermahnung, Liebe (im 17. Jahrhundert bis zur Plage und zum Verbot beliebt: der Doppelselbstmord verboten Liebender, als Schauer- und Rührstück ein enormer Zuschauererfolg in den Puppentheatern) und so fort, nicht zu vergessen natürlich: *seppuku* unter Aufsicht als ehrenvolle Todesstrafe.

Der Freitod wird früh ritualisiert und bis ins Detail hinsichtlich Posen und Tötungsinstrument vorgeschrieben. Er wird mißbraucht, verabreicht und vorgetäuscht, nur mit Schuld wie im Christentum, wird er nie beladen. Er ist im Gegenteil der allerletzte Mut, den jeder Feind ehrt, die unantastbare Sühne, er ist die mit dem höchsten Preis, dem eigenen Kopf, beglichene Schuld. Trotzdem fragt Pinguet an anderer Stelle ganz westlich: »Kann man sich nur, indem man aufhört zu sein, Gewißheit darüber verschaffen, was man war?« Er antwortet nicht, läßt das Paradoxon stehen, ganz japanisch.

Der Freitod bleibt auch nach dem Ende des

Shogunats und dem »Tod der Samurai« ein ehrenwerter Abgang. Zunächst verklärt und fanatisiert im »*bushido* (dem Ehrenkodex der Samurai) als Religionsersatz« des Staats-Schintoismus, erlischt seine Strahlkraft erst in den Exzessen und im Abenteurertum der Militärs, deren Hochmut das Leben von fünftausend *kamikaze*-Fliegern kostete, jungen Männern im Abiturientenalter, in einem sinnlos starrsinnigen Opfergang. Einige hohe Militärs hatten immerhin die Größe, nach der Niederlage in aller Form und gewöhnlich unter furchtbaren Qualen *seppuku* zu begehen. Selbst Admiral Ônishi, der in den letzten Kriegswochen versucht war, Hitler und Stalin an Menschenverachtung zu übertrumpfen: »Zwanzig Millionen Freitode«, soll er großzügig vorgeschlagen haben, »und das Kaiserreich wird errettet werden.« Es war der Kaiser, der dem Morden und Selbstmorden ein Ende setzte, wenngleich erst nach Hiroshima und Nagasaki. Pinguet hat kein Mitleid mit den Menschenschindern. Aber Respekt enthält er keinem vor, der sich in einem ehrenvollen Selbstmord »die Unschuld zurückgibt«: der so frei ist, sich den Tod zu geben, nicht bloß das Leben zu nehmen.

Sein Schlußkapitel widmet Pinguet »Profilen des Nihilismus« mit einem brillanten Kreuzverhör der Sachverständigen von Kant bis Zola, von Wilde bis Fukuzawa – und endlich dem Romancier Mishima Yukio, der am 25. November 1970 in der Tokioter Kaserne von Ichigaya nach einem jämmerlich fehlgeschlagenen Aufruf zur Revolte *seppuku* beging und von seinem jungen Geliebten, Morita, (mangels Übung erst mit dem dritten Schwerthieb) enthauptet wurde. Pinguet findet an dem reaktionären Dandy, herausfordernden Neureichen und Antike-Narziß, später dem naiven Kaisertreuen und Putschisten vieles mit Recht »undurchsichtig und abgeschmackt«. Aber auch Mishima nimmt er am Ende in die Arme, nicht trauernd, nicht fassungslos, nicht tröstend – mit etwas kopfschüttelnder Bewunderung vielleicht. Es lebe der Freitod? Pinguet sagt das nirgendwo. Er wertet nicht, er verlangt Respekt. Er verneigt sich vor einer (Krieger-)Kultur, die den Akt über den Ausdruck gestellt hat, die letzte Tat über das letzte Wort: den Hals über den Kopf. Trotzdem sterben Japaner nicht lieber, nicht leichter und längst nicht mehr häufiger als andere durch eigene Hand. Es fehlt allein der westliche Makel der Flucht und Lebensfeigheit.

Kimura Fumiko, die Kindesmörderin, wurde von einem Gericht im Dezember 1985 in Santa Monica zu einer ungewöhnlich kurzen Haftstrafe verurteilt, ausgesetzt auf fünf Jahre zur Bewährung. Ihr Verteidiger hatte, wie es scheint erfolgreich, eine Art kulturellen Ausnahmezustand geltend gemacht. In Japan sei der *oyako-shinjû* ein Akt der Fürsorge, kein Mordselbstmord wie in Amerika. Frau Kimura soll sich in psychiatrische Behandlung begeben haben. An der Debatte um ihr Schicksal und Recht, die im Jahr 1985 in japanischen Zeitungen über Monate in den Leserbriefspalten erregt geführt wurde, hat sich Maurice Pinguet nicht beteiligt.

## *E – Eine Stadt sucht eine Ente*

Auf die ernste Gefahr hin, es sich mit den Donaldisten zu verderben, die Eingriffe in ihre Wissenschaft von der Duckschen Comicfamilie nicht schätzen: Entenhausen liegt seit ungefähr einer Woche in Japan, genauer gesagt mitten in Tôkyô. Denn dort lebt zur Zeit, Tag und Nacht überwacht von Stadtverwaltung und Medien, verfolgt und beweint von Tausenden Bürgern, der Welt berühmteste Ente, die leicht auch die reichste werden könnte, wenn sie unter den Filmangeboten klug wählt: »Spießente oder Wie ich den Krieg gewann«, »E – Eine Stadt sucht eine Ente«, »Dirty Duck – Eine Ente schlägt zurück« (mindestens fünf Teile), ach, was ließe sich nicht alles denken. Wichtig wäre allein, daß die sich selbst spielende Ente immer ihr Markenzeichen bewahrte, einen dreißig Zentimeter langen, rosaroten Armbrustpfeil, der senkrecht aus ihrem Rücken ragt wie ein Mast ohne Segel.

Warum das Federvieh überhaupt noch lebt, kann sich keiner erklären. Warum sie noch, auf der Flucht vor ihren Rettern, kilometerweit von Teich zu Teich fliegen kann, versteht erst recht niemand. Wie lange kann eine Ente, aufgespießt wie zum Verzehr überm Lagerfeuer, das aushalten: den Verlust von Privatleben durch die allnächtlichen Ruhestörungen mit Scheinwerfern, Kommandos und Entzückensrufen, die überfallartigen Fangversuche mit Käfigen und Netzen. Eine Tageszeitung weiß, wann es zu Ende geht: »Pfeilente – Heimkehr nach Norden bedeutet den Tod.« Keine Nachrichtensendung vergeht, ohne daß übernächtigte, stoppelbärtige Fahnder, Veterinäre und Hobbyjäger das jeweils letzte Wort zur Ente sagen. Es heißt, das Tier sei unglücklich, weil die anderen es mieden. Enten gehen mit Behinderten offenbar ebenso hartherzig um wie mit Angebern, die neue Pfeilmoden einführen wollen. Dutzende von Kamerateams versuchen prompt das Unglück der Ente in traurigem Paddeln und einsamen Sitzmeditationen am Ufer zu ergründen. Zornige Tierschützer kündigen vor laufenden Kameras an, das Verbrechen an dem »Mörder« sühnen zu wollen, »mit demselben Bogen und demselben Pfeil«. Selbst der japanische Premierminister, Miyazawa Kiichi, soll sich über das Befinden des Medienstars sorgen und, halb eifersüchtig, halb mitleidig, gefragt haben, ob denn niemand etwas für die Ente tun könne.

Es stellen sich also zwei drängende Fragen: Welcher Unmensch, welcher Teufel schoß auf die Ente? Und: Sind Japans Medien noch ganz bei Trost? Daran müssen Zweifel gestattet sein. Zweifel nämlich, ob in einem Land, das bei Walen, Delphinen und anderem Getier das Essen allemal über die Moral stellt, eher aufgespießte Enten oder amoklaufende Fernsehdirektoren ärztliche Hilfe brauchen. Tradition hat in den japanischen Medien allerdings auch die hemmungslose Hetzjagd auf bewunderte und bemitleidete Menschen, die einfach *kawaii*, süß, sind oder *kawaisô*, bedauernswert. Manche Journalisten schämen sich wohl dieser kindischen Belagerungen von Sumo-Stars, Kronprinzen, die sich verloben, oder von weinenden Eltern, die gerade ein Kind durch einen Unfall verloren haben. Aber die Konkurrenz, klagen sie, lasse die gebotene Zurückhaltung nicht zu. Wahr ist: Es gibt keine Privatheit, alles geht in Japan alle an. Namen, Alter, Bilder von Opfern wie (auch nur verdächtigen) Tätern erreichen oft schneller das Fernsehen als die Angehörigen. Gerade die Fernsehanstalten – auch, mit starken Abstrichen, der seriöse öffentlich-rechtliche Sender NHK – sehen ihre Aufgabe darin, gewissermaßen einen Landfriedensbruch zu verhindern, will sagen: dem angeblich harmoniesüchtigen Inselvolk seine tägliche Ration Gemüt, Rührung, Behaglichkeit zu spenden.

Mag die Welt brennen, hungern, verzweifeln, ungerührt verdrängen die ersten sich färbenden Blätter im Herbst, der erste Schnee auf dem Fujiyama, die ersten Zugvögel in Hokkaidô regelmäßig in den Nachrichtensendungen in Aufwand und Plazierung solche Randereignisse wie Kriege, Seuchen und auch die Korruptionsskandale im eigenen Land. Die Justiz spielt mit. Auf Verstöße gegen das Parteispendengesetz stehen höchstens zweihunderttausend Yen (etwa 2500 Mark) Geldstrafe, der »Mörder« der Ente muß wegen seines grausigen Vergehens gegen das Natur- und Tierschutzgesetz mit dreihunderttausend Yen Höchststrafe rechnen. Der Tierquäler, der möglicherweise sogar ein Serientäter ist, muß zur Strecke gebracht und geächtet werden. Es sollen zwei von ähnlichen Pfeilen erlegte Enten gefunden worden sein. Wehe dem Schützen, wenn die *samurai*-Ente, das zähe Vieh mit dem Pfeil im Rücken, doch noch stirbt, sei es an der Verletzung oder am Medienstreß. Die Jagd auf beide geht weiter.

## *Die Ballade vom Samurai der Büroarbeit*

Es muß um die besinnliche Zeit der Jahreswende 1993/1994 gewesen sein, als sich die ersten westlichen Journalisten in Japan darauf verständigten, eine fabelhafte Entdeckung zu machen. Angewidert von immer neuen Enthüllungen über immer wieder dieselben Korruptionsfälle in der Regierungspartei, die selbst das japanische Publikum nur noch mäßig aufregten, stießen sie endlich auf ein Thema, das zu Hause in Europa und Amerika einigen Unterhaltungswert versprach. Die Nachricht, geschrieben, gesprochen und verfilmt, war unerhört und lautete sinngemäß: Japans Wirtschaft ist rezessionsanfällig wie andere, Japans Arbeiter und Angestellten sind kündbar wie andere, Japaner sind, wenn schon nicht wie wir, gewissermaßen Menschen wie alle anderen.

Ha, also doch? Offiziell betrage die Arbeitslosigkeit 2,4 Prozent (nach Abzug aller statistischen Tricks fünf Prozent), hieß es triumphierend, und die Massenentlassungen stünden erst bevor: dreißigtausend Angestellte beim Telekommunikations-Giganten NT&T, fünftausend bei Nissan, siebentausend beim Eisenbahnunternehmen JR West durch Frühpensionierungen, dreitausend bei Sanyo Electronic durch Versetzungen zu Tochterfirmen und so fort. Auch japanische Zeitungen versorgen ihre erschrockenen Leser täglich mit neuen Schicksalen von angesehenen Managern Anfang Fünfzig, die eines Morgens, *katatataki*, das gefürchtete Tippen auf die Schulter, spüren, und von verblüfften Universitätsabsolventen, die sich nun bewerben müssen, statt umworben zu werden. Schön ist das nicht, aber sensationell?

Das Aufsehen, das die bald schadenfroh, bald entsetzt dargereichte Botschaft im Ausland erregte und in ihren Variationen wohl weiter erregen wird, läßt sich nicht allein mit dem Labsal erklären, das ersten Berichten über Gebrechen von gefürchteten Konkurrenten eigen ist. Daß ein Starker schwächer ist als angenommen, kann den Geschwächten, der auf Hilfe zählt, nicht wirklich trösten. Japans Wirtschaftskrise ist real, wenngleich nicht neu oder, einstweilen, katastrophaler als längst überstandene Krisen. Nach dem ersten Ölschock 1973 und nach der Aufwertung des Yen 1985 hat es, wie sich nachlesen läßt, tiefere Einbrüche gegeben, auch Entlassungen, Bankrotte, Firmenschließungen wie heute. Aber das ist, nicht nur im Ausland, längst vergessen. Damals war Japan gerade erst Mitbewerber unter den ersten Exportnationen, es hatte nichts Furchteinflößendes. Das hat sich gründlich geändert. Und diesmal scheint es, als schwinge in der sensationellen Aufnahme der neuesten Krisenmeldungen aus Japan weniger Erleichterung als der Übereifer von Beschämten mit. Einige begreifen nun, daß sie jahrelang dem Mythos von den treusorgenden Firmenmüttern Japans, die ihre Kinder nie verstoßen, aufgesessen sind, der eigentlich für Japan selbst geschaffen wurde. Andere ahnen vielleicht sogar, daß sie seit Jahren bei jeder Gelegenheit aus lauter Faulheit und Lust am Exotischen den Japanern das Mitmenschliche aberkennen, indem sie sie zu übermenschlichen Maschinenwesen erniedrigen.

Natürlich wird auch versucht, irgendwie das Gesicht zu wahren mit verwegenen Dummheiten wie: der Japaner werde nicht entlassen, sondern entlasse sich selbst, um vasallentreu seinem Chef die Qual der Kündigung zu ersparen. Das Klischee trifft sich fabelhaft mit der im Westen wie auch in Japan über alles geliebten Legende vom *samurai*-Geist, der im hingebungsbereiten, ja selbstmordversessenen »salaryman« seine angestellte Reinkarnation erfahre. Die einschlägigen Bücher sind Bestseller, barer Unsinn bleibt es dennoch. Es gibt eine Menge Gründe, schon daran zu zweifeln, ob Japaner, nur weil sie mehr Stunden am Tag im Büro verbringen müssen, freudiger oder gründlicher arbeiten als ihre westlichen Kollegen. Warum sollten sie eigentlich? Erst recht hat kein Japaner, der bei Sinnen war, je leichten Herzens sein Leben oder auch nur seine Arbeit verloren. Daß es *samurai* (wie »salaryman«) vorziehen mögen, eine Niederlage als Selbstopfer zu zelebrieren und Machtlosigkeit mit Diensteifer zu kompensieren, ist das gute Recht des feudalen Charakterdarstellers wie des modernen Kleindarstellers im japanischen Gesellschaftsdrama. Es hat etwas mit Selbstwertgefühl zu tun wie andernorts. Dem aufgeklärten Zuschauer des Dramas obliegt jedenfalls das Recht, ihnen zu applaudieren, und die Pflicht, keinem von beiden zu glauben.

Doch ebendas fällt dem japanischen Publikum nicht etwa leichter als dem fremden. »Wir wollen Fans der Firma werden/Die Firma ist ein Schiff voller Abenteuer/Selbst wenn es von einer Woge der Rezession getroffen wird/überstehen wir den Sturm, indem wir einander bei der Hand nehmen/Der Präsident ist der Kapitän.« Enthusiastischer Beifall soll dem Kampflied aus dem jüngsten Musical-Erfolg »Goldmedaille für einen salaryman«, das seit Monaten auf Tournee vor ausverkauften Häusern spielt, sicher sein – allerdings auch, glaubt man japanischen Rezensionen, sarkastisches Gelächter. Fast achtzigtausend Zuschauer haben das Singspiel in den vergangenen Monaten gesehen, überwiegend die sachverständigen Helden der japanischen Büroarbeit selbst. Ob sie über eine Satire oder aus Solidarität lachen, ist schwer zu sagen. Schließlich werden sie seit Jahrzehnten von Romanen, Comicbüchern, Fernsehserien, Modemagazinen zu opferbereiten, selten komischen, meist tragischen Titelfiguren erhoben. Für ihre Loyalität ruinieren sie Gesundheit und Familie; Firmenwachstum ist ihr Gott, ihr Beitrag dazu ihr Gebet.

Die »salarymen« haben nach der vernichtenden Niederlage des imperialen Reichs 1945 ihr Leben der wilden Aufholjagd mit den westlichen Siegern geweiht. Was blieb ihnen übrig – man kennt das nicht zufällig aus Deutschland –, und das Wunder wurde vollbracht. Nun preist man den staatstragenden Ethos, welcher der Firma gibt, was bis Kriegsende des Kaisers war. So verlangt es die Legende, die auch im Westen begierig kolportiert wird. Sie hat nach den Arbeitskämpfen der fünfziger Jahre den sozialen Betriebsfrieden in Japan gestiftet und bewahrt. Die Legende hätte sich nicht halten können, enthielte sie nicht ein Stück Wahrheit. Daß der große Rest freilich Spiel war, alltägliches Laientheater, fürchteten schon in den Zeiten des glorreichen Wachstums viele. Nun wird es Gewißheit. Die Kosten der Aufführung, so befinden Direktoren und Bürokraten, sind von ihrem harmoniespendenden Nutzen nicht mehr gedeckt. Das Stück wird bis auf weiteres abgesetzt. Der Vorhang fällt, das Publikum pfeift.

Die lebenslange Anstellung und das Senioritätsprinzip, das die Jungen unter Wert rekrutiert gegen die Garantie, es ihnen später durch automatische Beförderung, Privilegien und Treuebonusse bis zur Pension zu vergelten, werden als wichtigste Fermente des japanischen Wirtschaftswunders verehrt. In Wahrheit waren sie seit jeher eine dreiste Lebenslüge. Für Dreiviertel der Japaner, die in mittleren und kleinen Unternehmen arbeiten, gab es beides nie, nicht einmal als stillschweigende Absprache. Die großen Stahl-, Automobil- und Elektronikkonzerne, die heute von der Krise am schwersten betroffen sind, leisteten sich diesen Luxus, indem sie Verluste und Risiken auf die abhängigen Zulieferindustrien abwälzten. Als Gefahrenausgleich für die bequeme Abfederung der Angestelltenaristokratie der »salarymen« wurde bei den kleinen Firmen weit weniger und kaum nach Seniorität bezahlt: es wurde mit jedem Yen kalkuliert, rasch geheuert und zur Not gefeuert, Frauen und Aushilfen natürlich zuerst, ganz wie bei den Konzernen. In den Garagenfirmen wird man nicht krank, auch wenn man es ist, und macht kaum Urlaub. Dort wird nicht abends auf Spesen die Bürogemeinschaft begossen. Dort hat man keine Zeit, ganze Nachmittage in den *pachinko*-Spielhallen und dösend in Limousinen und Cafés bei der »Kundenbetreuung« zu vergeuden, wie es unter den Herren im grauen oder marineblauen Zweireiher in den Blütezeiten der späten achtziger Jahre üblich wurde.

Aber nicht freiwillig, seufzen sie verstimmt. Sie müßten Zeit schinden, erklären sie, um abends länger arbeiten zu können. Ihr Mehrwert liege nicht in dem bescheidenen Überstundenaufschlag von 25 Prozent, sondern in der Präsenz, die als Voraussetzung für eine Beförderung gilt. Ihre 18-Stunden-Tage, die abenteuerlichen Jahresarbeitszeiten – in der Regel weit über 2200 Stunden –, die Schreckensmeldungen von den wenigen bemitleidenswerten Märtyrern des *karôshi*, des Todes durch Überarbeitung, die rührselige Denkmalspflege dieser Opfer in den Medien haben die armen Bürohelden der japanischen Städte wohl selbst an ihre Erwähltheit glauben lassen. Erst in der Rezession, da japanische Unternehmer plötzlich über die Redundanz von mindestens einer Million Angestellten Klage führen, da Umfragen unter »salarymen« ergeben, daß sie bis zu einem Fünftel (ihre Vorgesetzten fast die Hälfte) ihrer Arbeitszeit in geschwätzigen Gruppenkonferenzen absitzen – erst jetzt zeigt das gemeinsame Denkmalstableau des väterlichen Managements und des treuen »salaryman« häßliche Risse. Warum aber hat die überwiegende Mehrheit der Japaner den Mythos nicht verhöhnt, warum schwiegen die Fließbandarbeiter, die kleinen Ladenbesitzer, die Reisbauern, denen die Söhne weglaufen, die 19 Millionen Frauen, 40 Prozent der Arbeitnehmer, die trotz gesetzlicher Gleichstellung mit lausigen Löhnen, Aufstiegsboykott und Kündigungsdrohung leben mußten?

Mit dem Hinweis auf konfuzianische Traditionen in Staat, Firma und Familie, die jedes Aufbegehren gegen Hierarchien als Verrat am Gemeinwohl verbiete, ist es nicht allein getan. Auch die gewiß verbreitete Hoffnung der kleinen Leute, die sich die Universitätsausbildung ihrer Söhne vom Munde absparen, um sie eines Tages in die Kaste der »salarymen« aufsteigen zu sehen, erklärt das

Stillhalten nur zum Teil. Plausibler scheint dagegen der Verdacht, daß der »salaryman« zum nationalen Stellvertreter (und geduldeten Schmarotzer) eines mit Fleiß, Selbstzucht und Verzicht aus Ruinen auferstandenen Volkes erwählt wurde. Ob sie Japans wahre Arbeitshelden sind, sei dahingestellt. Doch die akademische und industrielle Elite Japans sorgte nicht eben selbstlos dafür, daß die Ihren neben den angestammten auch die zusätzlichen Führungsrollen übernahmen, die einst im Militär gebunden waren. Das Kastengebaren der Angestellten wird geschützt von den heimlichen Erwähltheitsphantasien einer Inselnation, die aus der Not jahrhundertelanger Isolation eine Tugend zu machen gezwungen war: Aus Einsamkeit wurde Einmaligkeit, aus dem Weltabgewandten das Erhabene, aus Trotz endlich Stolz.

Es gibt gewiß viel Anlaß zum Stolz. Vor dem Weltkrieg, den Nippons Militärs mit ihrem staatsschintoistischen Superioritätswahn, getarnt als Antikolonialismus, in Asien entfesselten, verfügte Japan über das niedrigste Lohnniveau unter den Industriestaaten. Heute leistet es sich höhere Stundenlöhne als Deutschland. Welche Lebensqualität sich der einzelne in den übervölkerten und überteuerten Städten mit seinem Geld leisten kann, ist eine andere Frage. Fünfzig Mark Miete pro Quadratmeter wurden in diesem Frühjahr durchschnittlich für Apartments in Tôkyô gezahlt; weit über hunderttausend Mark muß eine Familie für das Studium eines Kindes selbst an einer Provinzuniversität aufwenden. Künstlich in die Höhe getriebene Preise für einheimische Waren, von Importen nicht zu reden, machen das Leben der 62 Millionen Geldverdiener mehr als beschwerlich.

Doch niemand klagt. Nicht ohne stolze Rührung vernimmt das japanische Publikum Jahr um Jahr, daß Tôkyô und Osaka die erlesene Liste der teuersten Städte in der Welt anführen. Hauptsache, Japan ist anders, und am besten irgendwie Nummer Eins. Keine zweite Nation dürfte die Befindlichkeit ihrer Währung so angestrengt verfolgen wie Japan.

Die Fernsehnachrichten könnten es nicht wagen, ohne die neuesten Plazierungen im Rennen Yen gegen Dollar im aufgeregten Tonfall von Rennbahnsprechern und den neuesten Grafiken und Analysen von den Börsenplätzen der Welt auf Sendung zu gehen. Es gelingt das Kunststück, Menschen in den entlegensten Provinzen, die ihre Region nie für einen Tag verlassen haben und dies auch nicht vorhaben, zur unbändigen Freude über den starken Yen zu bewegen, der die Auslandsreisen der Japaner so billig macht. Kann man sich noch wundern, daß die Gewerkschaften und die sozialistischen Parteien in diesem Klima als bloße Alibis dahinvegetieren und sich auf die Inszenierung von Protestritualen verlegen, die den Betriebsfrieden garantiert nicht stören? Die letzten Tarifverhandlungen führten zum niedrigsten Abschluß seit sechs Jahren, nachdem die Unternehmer eine Nullrunde gefordert hatten. Das Arbeitsministerium weist nicht ohne Befriedigung statistisch nach, daß Streiks und Aussperrungen (von mehr als einem halben Tag) ihren Höhepunkt 1974 mit 5200 Fällen erreichten, von denen 3,6 Millionen Gewerkschaftsmitglieder betroffen waren. Im Jahr 1991 wurden 320 Arbeitskämpfe mit gerade 53.000 Organisierten verzeichnet. Ging es vor zwei Jahren der japanischen Wirtschaft noch zu gut, um sie mit Streiks zu behelligen, geht es ihr inzwischen zu schlecht, um Arbeitsplätze zu gefährden. Diese konzertierte Aktion des Nichthandelns in Japan dürfte der Neid europäischer Unternehmerverbände sein.

Diese könnten es, ohne sich des Zynismus verdächtigt zu sehen, unmöglich wagen, von einem neuen Firmenkonzept des *kyôsei* (Symbiose) zu schwärmen, wie es der japanische Wirtschaftsverband seit einigen Monaten vermag. Ohne sich mit Einzelheiten aufzuhalten, verkünden Manager, daß ausgerechnet jetzt die wahre Betriebsfamilie zu schaffen sei und zwar sofort. Gewöhnlich spielen die Zeitungen das Spiel mit und unterstützen das Konzept mit Leitartikeln, die treuherzig fordern, endlich in der Wirtschaft »an die Menschen zuerst« zu denken. Es sind freilich dieselben Zeitungen, die mit großaufgemachten Artikelserien über die neue Entlassungswelle berichten und beiläufig bemerkenswerte Einblicke in die japanische Ausprägung jenes Vorgangs gewähren, der einst in einem süddeutschen Betrieb auf immer unübertrefflich als »Kopfzahlbegradigung« beschrieben wurde.

Doch auch in der Krisenberichterstattung erhält der enttäuschte, ja betrogene »salaryman« den Vorzug vor dem namenlosen Heer von statistisch nicht erfaßten, womöglich illegal arbeitenden Teilzeitkräften, Frauen und Ausländern, die über Nacht entlassen und bestenfalls mit einem Monatsgehalt über nicht eingehaltene Kündigungsfristen getröstet werden. Vereinzelt gibt es mitleidige Artikel über den netten iranischen Bauarbeiter, dessen Firma pleite ging, woraufhin der Boß, dessen Namen die Ausländer nicht kannten, eines Tages mit mehreren Monatslöhnen der ganzen Belegschaft verschwand. Die Polizei bedauert. Frauen, zu einem Drittel ohnehin Teilzeitbeschäftigte ohne Vertrag, Urlaub und Unfallversicherung, melden sich immerhin über Telefonnotdienste und in Leserbriefen zu Wort. Altgediente Sekretärinnen berichten, wie man sie eines Tages zum Kistenschleppen ins Lager schickte, Kundenberaterinnen, wie sie sich am Fließband wiederfanden: »Für Ihr Gehalt kann ich zwei Mädchen einstellen«, lautet offenbar eine der gängigen Verwünschungen von Vorgesetzten, die bis vor kurzem nichts auf ihre erfahrenen, angestammten Mitarbeiterinnen kommen lassen wollten.

Bei der Kündigung von Männern wie Frauen gleichermaßen beliebt scheint die Strategie von Personalchefs, zu sogenannten freiwilligen Kündigungen zu ermuntern, indem sie Versetzungen zu entlegenen Tochterunternehmen etwa auf die Nordinsel Hokkaidô anbieten. So werden Broker mittleren Alters zu Versicherungsvertretern, Sachbearbeiter zu Pförtnern. Wenige haben den Mut oder die finanziellen Reserven abzulehnen. Das Arbeitslosengeld, auf das Angestellte frühestens nach einem Arbeitsjahr für neunzig Tage, von zehn Jahren Betriebszugehörigkeit an für längstens dreihundert Tage Anspruch haben, ist ziemlich kümmerlich. Viele nehmen aus Scham nicht einmal, was ihnen zusteht, und täuschen vor Verwandten und Freunden so lange wie möglich vor, ihrer Arbeit nachzugehen wie immer.

Wirklich böse Schlagzeilen machen, bei allem Verständnis für die notleidenden Unternehmer, jedoch die gebrochenen Anstellungsversprechen gegenüber Universitätsabsolventen. Hier entsetzt sich die Nation, die bewegt an diesem wie an jedem 1. April, dem heiligen Tag des neuen Geschäftsjahrs, die Initiationsriten von 1,1 Millionen Berufsanfängern am Bildschirm verfolgte. Auch der Staat straft hier, wenn an Japans Jugend getastet wird. Mitte April veröffentlichte das Arbeitsministerium eine Liste von hundert Unternehmen, die gegenüber einigen Dutzend Graduierten ihre mündlichen Versprechen zurückgenommen hatten. Vierzehn weitere Firmen hatte das Ministerium nur vom Pranger entlassen, weil sie nachweisen konnten, bankrott zu sein. Eine Designfirma in Fukuoka wurde in der Presse fertiggemacht, weil sie 23 neueingestellte Jobanfänger schon am 10. April wieder entließ. Nicht einmal zweihundert junge Akademiker sind bisher von diesen bitteren April-Scherzen betroffen, über die es aber mehr Händeringen und Verzweiflung gibt als über die skandalöseste Kündigung. Eltern schluchzen vor der Kamera, daß ihre Kinder auf ewig durch die Zurückweisung stigmatisiert und ihre Karrieren zerstört seien. Und ganz von der Hand zu weisen ist das in Japan nicht, das einen gigantischen Unschuldskult um seine Jugend treibt und, unberührt von christlicher Nächstenliebe, zugleich dazu neigt, einen jeden als seines eigenen Unglücks Schmied zu betrachten.

So wankt in Japan die Überzeugung, ein einzigartig wohltätiges Kapitalismusmodell entwikkelt zu haben, das ohne die Härten und Leiden im Westen auskomme. Was aber wird aus dem »salaryman«? Er wird überleben; seine Anstellung auf Lebenszeit und das Senioritätsprinzip werden vermutlich nicht davonkommen. Der japanische Angestellte wird künftig, ein Segen in jungen, ein

Fluch in den einst faulen späten Jahren, nach seiner Leistung bezahlt werden. Es muß so kommen, denn Japan altert zu rapide, um sich übertriebenen Respekt vor dem Alter in der Arbeitswelt noch leisten zu können. Lebensanstellung bedeutete ohnehin schon lange, daß verdiente, also zu viel verdienende Angestellte spätestens mit 55 Jahren in Pension gingen. Von der kargen Betriebsrente aber läßt sich keine Familie ernähren. Also muß man die fünf Jahre bis zur Auszahlung der staatlichen Renten in niederen Jobs überbrücken. Kaum ein Parkwächter oder der in Japan beliebten Baustellenbewacher, der nicht Besseres hinter sich hat und für eine Handvoll Yen in der zweiten oder dritten Karriere arbeitet. In vormodernen Zeiten, vor den ersten Sozialgesetzen für die bescheidene Sicherung von Armen (1874), verunglückten Arbeitern (1911), Kranken (1938) – auf Betreiben besorgter Militärs –, Rentnern (1941) und Arbeitslosen (1947), waren ironischerweise die *samurai* als einzige verpflichtet, ihre erlahmende Kampfkraft öffentlich einzugestehen und mit sechzig in den Ruhestand zu gehen. Damals und noch eine Weile ergab das Sinn. 1950 lag die Lebenserwartung der Japaner um sechzig; 1992 allerdings schon bei 79 Jahren. Wer die Renten der langlebigen Alten finanzieren soll, ist in Japan so ungewiß wie andernorts.

Aussterben werden Versorgungsfälle wie Ushiba Yasuhiko, 55 Jahre alt, der seine letzten zehn Berufsjahre bei Mitsubishi als Leiter der »Abteilung für Planungsförderung« ableistete. Ushiba verbrachte gewöhnlich seine Tage im Zoo oder in Doppelvorführungen im Kino, denn er hatte weder Untergebene noch Arbeit: Er war ein »Fensterhocker«, überflüssig, bei vollem Lohnausgleich in ein Hinterzimnmer ohne Telefon abgeschoben. Er zeigte, was er noch wert war, als er einen autobiographischen Bestseller schrieb: »Die Herausforderung des gelangweilten Fensterhockers«. Ushiba erging es noch besser als ausgemusterten Kollegen, die mit psychologischer Finesse um ihren letzten Stolz gebracht wurden: Sie hatten etwa täglich einen Aufsatz über die »Tagesereignisse« zu verfassen oder fanden sich, hochbezahlte Software-Fachleute, zum Holzhacken abkommandiert. Aber es scheint, als gehe die Rechnung, mit phantasievollen Beleidigungen alle »Fensterhocker« zur einvernehmlichen Kündigung zu treiben, immer seltener auf. Viele sollen geradezu verstockt sein. Früher, so klagen Personalchefs, habe das prozentuale Verhältnis zwischen »freiwilligen Kündigungen« und Entlassungen bei siebzig zu zehn gelegen. Inzwischen habe es sich auf 53 zu zwanzig verengt. Sollte es in den Geisterabteilungen abgehalfterter »salarymen«, denen nicht gekündigt wird, weil man nicht ohne Grund einen Vertrauensverlust bei den Jungen fürchtet, das einzige Aufbegehren geben? Kaum. Die Interviews mit überflüssigen »salarymen« werden als die letzten Kassiber aus den Sterbezimmern der japanischen Großindustrie einst in einer kurzen düsteren Strophe zusammenklingen – in der Ballade vom Office-*samurai*, dem japanischen Helden der Büroarbeit.

## *Keiner gegen alle*

Es vergeht seit geraumer Zeit kein Jahr, in dem japanische Soziologen nicht das endgültige Zerbrechen der Gruppenkultur beschwören. Düster warnen sie vor dem Heraufziehen eines egozentrischen Zeitalters westlicher dekadenter Provenienz. Mit entsprechender Genugtuung feiern manche ihrer westlichen Kollegen in jeder Saison das Heranreifen einer japanischen Jugend, die sich endlich der Droge des Gruppismus entziehe und sich befreie vom Ewigkindlichen und der Servilität. Doch ach, beide Schulen irren.

Sie sitzen denselben grellen Moden auf oder nehmen Umfragen beim paradoxen Wort, in denen Tausende im Schutz der anonymen Gruppe unverbindlich ihre Individualität und Renitenz behaupten. Im uniformierten Alltag bleibt ihre Multiple-choice-Rebellion fast spurenlos. Die Gruppe macht nicht nur stärker, sie allein gibt, einer Fruchtblase gleich, alles Lebensnotwendige. Und so wird es, wie es aussieht, bleiben. Der vereinzelte Außenseiter wird in Japan erbarmungslos bestraft wie eh und je. Er wird durchsichtig, er erstickt daran, daß er für die anderen Luft ist. Es lohnt das Märtyrertum nicht. Anders als in Deutschland, das seit einigen Jahren fassungslos vor den neuen Zusammenrottungen von Jugendlichen erzittert, die wenig mehr zu teilen scheinen als Gewaltbereitschaft und eine Vorliebe für geschorene Schädel, wird in Japan der Einzelgänger, der Unberechenbare, niemandem Verpflichtete gefürchtet. Eine Gefahr für das Gemeinwesen ist der an Schulden verzweifelnde Bankräuber, nicht die Mafia, die *yakuza*, die unter ihresgleichen auf Ordnung hält.

So wundert es nicht, daß es zum Schutz der Gesellschaft Pflichttermine kontrollierter Jugendbewegtheit gibt, die als nationale Feiertage begangen werden. Die Nation trägt dann kollektiv Schuluniform und berauscht sich an der Unschuld der Nachkommen. Bisweilen dauert das über eine Woche, etwa beim kultischen Baseball-Turnier der Oberschulen, wo, interessanterweise von Jungen mit rasierten Schädeln, stramme Appelle abgehalten und unter Tränen Eide auf Fahnen geschworen werden – gar süßer *kamikaze*-Hauch liegt über den Verlierern. Am bewegendsten aber sind die einzelnen Festtage. Sei es der 15. Januar, an dem sämtliche Zwanzigjährigen Japans ihre Volljährigkeit in einer Art Jugendweihe in Aulen und Stadthallen begehen. Sei es der 1. April, der heilige Neubeginn des neuen Geschäftsjahrs, an dem überall im Land Berufsanfänger im Sonntagsstaat bei ihren neuen Firmen antreten, die ihnen künftig Mutter und Vater ersetzen sollen. Sei es schließlich der 1. Juli, an dem Tausende Studenten im letzten Studienjahr zu Vorstellungsgesprächen und Werbeveranstaltungen in die Unternehmen pilgern. Hier diktiert die Kleiderordnung den dunklen Anzug und das diskrete kleine Kostüm; man erwartet ein eheähnliches Versprechen.

Da stehen sie dann geduldig im Nieselregen Schlange, adrett und Comics lesend. Alle Fernsehsender liefern dieselben gerührten Berichte, gewissermaßen in einem nationalen Schwenk über die prächtige Zukunft der Nation strahlen sie die Nachricht aus, die sie an normalen Tagen mit allerliebsten Berichten vom Vogelzug oder der Blüte irgendeiner (nur in Japan vorkommenden) Pflanze bewerkstelligen: Und wieder herrschen Einmaligkeit, Vertrauen, Ordnung, Zuversicht im Land. So lieben die Japaner sich und ihre Jugend, und die Personalräte und Kaufhäuser, Friseure und *kimono*-Verleiher verlassen sich darauf, daß die Jugend, wenn es darauf ankommt, geschlossen marschiert.

Aber wie halten die das aus, fragen immer wieder ahnungslose Ausländer? Die Antwort ist einfach. Weil es keine Alternative gibt und, vielleicht noch entscheidender, weil die zur Schau gestellte Konformität nach Ende der Übung nicht als Überzeugung eingefordert wird. Ungesehen kann jeder machen, was er nicht soll. Solange Familie, Schule, Firma nicht in Mitleidenschaft gezogen werden, ist die Sittenstrenge der Gruppe außer Kraft. Man kann das amoralisch nennen, weise, einfach menschlich. Ein Beispiel für bemerkenswert tiefes Verständnis für menschliche Schwächen Heranwachsender bewies kürzlich ein japanisches Ministerium, das in einer Umfrage ganz unbefangen ermitteln ließ, wieviele Mittel- und Oberschüler pornografische Comics läsen. Es hatte Debatten darüber gegeben, besorgte Eltern und irritierte Lehrer wollten wissen, woran sie sind. Es handelte sich um eine anonyme Umfrage, versteht sich. Fast neunzig Prozent der Jungs im Gymnasium und immerhin vierzig Prozent der Mädchen bekannten sich zum regelmäßigen Konsum der sorgsam gestrichelten Aktzeichnungen, die wegen der Zensur keine Körperhaare zeigen dürfen. Was sonst alles zu sehen war – Folter und Vergewaltigungsszenen gehören meist zur Phantasieausstattung –, soll die Jungen laut der Umfrage überwiegend erregt, die Mädchen abgestoßen haben. So sagten die Befragten, und nichts war anstößig, und alles hatte seine Ordnung. Geheim handeln, gemeinsam gestehen – was berechenbar, im Kollektiv gereinigt ist, kann keine Schande sein. Jeder gegen jeden, das schon, wie der Rest der Welt. Aber keiner gegen alle.

Jene, die am 1. Juli lesend Schlange vor den Firmen standen, wurden nach ihren Lieblingsfirmen gefragt und dem steigenden Kurs des Yen, nicht nach der Art ihrer Comics. Alles zu seiner Zeit. Heute spielt man die gesellige Gruppe im Fernsehen. Ein anderes Mal beichtet man einem Ministerium unverbindlich die feuchten Träume. Nur nicht allein sein. Glückliches Japan, das seiner Kinder so sicher ist.

## *Haiku für Hitler*

Kadokawa Haruki ist nicht der erste Untersuchungshäftling, der die Schweigepflicht in japanischen Gefängnissen mit himmelschreiender Lyrik unterläuft. Doch halten viele, die seine Gedichte früher öffentlich rühmten, den 51jährigen nun insgeheim für den talentiertesten Kassiberdichter seit langem. »Die Gelenke gefesselt wie ein Hund/ Warmer Herbsttag.« Im Japanischen und in der klassischen 17-Silben-Form des *haiku*, das Natur und Seele blitzartig doppeltbelichtet und kalligraphisch retuschiert, klingt das durchaus nicht unelegant.

Zum Jahresende 1994 veröffentlichte das Magazin *Haiku* 51 düstere Gedichte Kadokawas, in denen er sich als japanischer Ikarus zu erkennen gab, der, nicht etwa am Boden zerstört, gewissermaßen flügelschlagend und völlig unschuldig in der Falle sitzt: »Die Milchstraße über dem Gefängnis/Mühe zu schlafen« oder »Ich wurde als Nummer aufgerufen/Herbst am Abend« wären unter den Umständen kaum in einer anderen Zeitschrift gedruckt worden. Der Mann ist immerhin der Anstiftung zum Rauschgiftschmuggel und der Veruntreuung von Firmengeldern angeklagt. Es fügte sich glücklich, daß *Haiku* im Kadokawa-Verlag erscheint und den Gedichten seines ehemaligen Präsidenten nicht widerstehen konnte. Kein Ehrenmann in Japan nähme ein Stück Brot von ihm, geschweige denn Gedichte. So weit ist der Mann heruntergekommen, den sie den »Kaiser« nannten.

Kadokawa war einst der multimediale Liebling der japanischen Klatschmagazine gewesen. Ein Götze der Egomanie im Reich der Gruppenphilosophie: reich genug, um sich Freunde und lobhudelnde Kritiker zu kaufen, skrupellos genug, um die anderen durch Furcht zu lähmen. Seine Selbstinszenierung wurde wohldosiert wie ein Aufputschmittel einer gelangweilten Leserschaft verabreicht. Man pflegt diese frivolen Rebellen, zumal wenn sie Macht haben und sich der Menge auch noch als erfolgreiche Geschäftsleute empfehlen. Es ist wie ein seitenverkehrter Zirkus, das Publikum sitzt in der eingezäunten Manege und bestaunt die Kunststücke der Akrobaten zwischen den Stühlen.

Kadokawa Haruki kannte seine Pflichten als intellektueller Clown und Bürgerschreck und ließ nichts unversucht, um zur Volksbelustigung beizutragen. Er spielte mit wechselndem Erfolg den Verleger und Filmproduzenten, Abenteurer und Patrioten, Priester und Rechtsradikalen, Frauenheld und eben Dichter. Geschäftssinn bewies er meistens. Das Verlagshaus, von seinem Vater 1945 als erlesenes Refugium für die im Militarismus totgeschwiegenen Belletristen gegründet und zu hohem Ansehen geführt, wandelte sich nach dessen Tod 1975 zu einem buntscheckigen Gemischtwarenladen. Kadokawa entdeckte für sich und Japan die Bestsellerformel vom Buch zum Film und bald vom Film zum Buch. Er entdeckte auch, daß gutes Marketing schlechte Ware prächtig verkauft, und investierte vom Ende der siebziger Jahre an oft mehr in die Werbung für seine Filme als in deren Produktion. Ein gutes Drittel der zwanzig Kinofilme mit den höchsten Einspielergebnissen Japans kann Kadokawa inzwischen vorweisen.

Darüber hinaus, weil Geld eben nur Geld ist, bot er dem Publikum eine gescheiterte Kanuexpedition vor den Philippinen und eine geglückte Atlantik-Überquerung auf einem Nachbau der Santa Maria von Spanien aus im Kolumbus-Jahr 1989, die Gründung eines eigenen Schinto-Schreins in Zentraljapan, in dem er als Oberpriester mit seiner Geliebten unter großer Anteilnahme der Regenbogenpresse allerlei Exerzitien vornahm, und nicht zuletzt die Entdeckung und Beweihräucherung rechtsradikalen Schrifttums. »Hitler nutzte militärische Mode, Nietzsches Gedanken, Rilkes Poesie und Wagners Musik«, schwärmte Kadokawa 1977 in einem Aufsatz, »und indem er diese Elemente klug vermischte, verwandelte er Nationalismus in Ästhetik und hielt das Publikum in Bann. Ich benutze dieselbe Strategie, wenn ich Filme, Bücher und Musik verkaufe ... ›Mein Kampf‹ ist mein bestes Lehrbuch.« Niemand entsetzte sich sonderlich über solche Sprüche, solange Kadokawa Erfolg hatte. Auch stand er in der verhängnisvollen Tradition des genialen Romanciers Mishima Yukio und Ishihara Shintarôs, eines Schriftstellers von sehr niederem Rang, die ihr Ekel vor der Niederlage des kaiserlichen Japan und der vermeintlichen Durchseuchung der hilflosen Nation mit amerikanischer Dekadenz in Bitterkeit und faschistoiden Auferstehungswahn trieb. Kadokawa, der in den letzten Jahren keine Geschäftsentscheidung traf, ohne vorher Zwiesprache mit Göttern und Ahnen zu halten, war der tüchtigste und geschmackloseste unter den Rebellen. Er wählte erklärtermaßen Hugh Heffner und Adolf Hitler zu Hohepriestern seines perversen Playboy-*samurai*-Nazismus. In Dankbarkeit widmete er dem einen ein *tanka*, 31 Silben in fünf Zeilen: »In die Hand nehmend/Ein magisches Buch/›Mein Kampf‹/öffnete ich die Tür/um das Glühen des Spätsommers zu finden.« Das Gedicht erschien im Januar in seiner Hauspostille *Haiku*. Am 29. August kam der Ikarus Kadokawa dann doch der Sonne zu nahe. Er wurde verhaftet, nachdem sein Sekretär auf dem Tokioter Flughafen mit achtzig Gramm Kokain erwischt worden war. Es heißt nun, er sei seit über zehn Jahren ohne das Zeug nicht mehr ausgekommen. Der »Kaiser«, nur ein armer Kokser?

Seit jenem Tag nehmen die Medien, die ihm hörig waren, im Kollektiv Rache an Kadokawa. Noch vor Prozeßbeginn wurde ihm die bürgerliche Ehre aberkannt. »Rex«, sein allseits von der Kritik gelobter und höchst erfolgreicher Dinosaurierfilm, wurde vom Verleih »freiwillig« aus den Kinos genommen. Eltern fragten in erschütterten Leserbriefen, wie denn solch ein Kinderverderber und Volksschädling so weit habe kommen können. Man habe ja keine Ahnung gehabt. Tatsächlich? Was sein offenes Hitler-Faible und sein Privat-Schintoismus nicht auslösten, schaffte der Verdacht des Drogenkonsums. Der Intellektuelle und Untersuchungshäftling Kadokawa könnte an der Vermutung verzweifeln, daß nicht die Sünden des Geistes in Japan als gefährlich und unmoralisch gelten, sondern die Schwächen des Fleisches. Es wäre ein *haiku* wert.

Wie wäre es damit: »Frierend wegen Koks in der Zelle/Draußen frei der Schnee.« Na ja, oder so ähnlich.

## *Zweiteufelsname*

Nimmt man Leserbriefe als Krankenblätter der verborgenen, wahren Publikumsbefindlichkeit, dann haben sich die Japaner in der Regierungskrise 1994 weniger um das politische Überleben ihres Ministerpräsidenten als um die ungewisse Zukunft eines kleinen Jungen namens Akuma gesorgt. Dem ahnungslosen, sonst gesunden Säugling, im Juli 1993 in Tôkyô geboren, wird von mitleidigen und aufgebrachten Lesern ein grausames Schicksal vorhergesagt. Denn der Name »aku-ma« birgt den zwiefachen Satan in sich: »Böser Dämon« ist eine mögliche Übersetzung, deren alphabetische Unschuld jedoch das assoziative Entsetzen der chinesischen Schriftzeichen nicht wiedergeben kann. »Akuma« stinkt geradezu nach Sünde und Schwefel, es schmeckt nach den Qualen, die grinsende Folterknechte für Unglückliche in der buddhistischen Hölle bereithalten. Es ist ein böser Scherz.

Ein Kind mit zwei Teufelsnamen zu belasten, gelte wohl überall als ernstes Indiz für die neurotische Geltungssucht der Eltern. Man kennt die westlichen Variationen krankhafter Namensgebung, die in dem Kind die orginellsten Zeugungsumstände verewigen will: »Aufzug«, »Standspur«, »Achterdeck« werden von Behörden regelmäßig und zur allgemeinen Erleichterung ebenso abgewiesen wie der Mädchenname »Sperma«. So verroht sind die Sitten Gott sei Dank noch nicht in der christlichen Welt. Nicht einmal ein Kommunarde, den manche früher für den Leibhaftigen hielten, hätte wohl, von entlegenen Alpenregionen abgesehen, als Teufel Fritz von sich reden machen können. Der arme kleine Akuma aber wird in Japan von keinem Gesetz vor der Willkür seiner Eltern geschützt. Das zuständige Einwohnermeldeamt sah sich von der Unverschämtheit überfordert, der Vater genießt den Medienruhm und pocht auf sein Elternrecht. Er habe unter den etwa zweitausend Schriftzeichen gewählt, die seit 1948 staatlich als »gebräuchlich« anerkannt sind. Recht hat der Mann, Mangel an Anstand ist auch im sittenstrengen Japan kein Straftatbestand.

Der Fall beschäftigte das Kabinett, und der ratlose Justizminister mußte sich auf möglichen »Mißbrauch« herausreden, der die Wohlfahrt des Kindes bedrohe. Doch während der Staat die Entscheidung verweigert, malen streitbare Bürger den Teufel an die Wand. Der Krieg der Worte hat viele Schlachtfelder. Sie reichen vom etwas einfältigen Ratschlag, der Vater möge sich selbst Akuma heißen, wenn ihm so viel daran liege, über Schreckensszenarien von der Art »Da könnte ja jeder kommen ...«, bis zu erschütternden Geständnissen von Namensgeschädigten. Da berichtet eine Frau um die Fünfzig, die das Zeichen »-kuma« für »Bär« im Namen trägt, von unvergeßlichen Akuma-Hänseleien in der Volksschule. Ein anderer Leser erinnert sich voller Mitgefühl an einen Jungen namens *yûrei* (Gespenst), und der sei sogar besonders nett gewesen. Ein Dritter bemühte dagegen den etwas abgelegenen Präzedenzfall des Kriegers Minamoto-no-Yoshihira (1141–1160), der als »Aku genta« das Teuflische zum Zeichen von »Furchtlosigkeit« wendete. Erst der Buddhismus und überhaupt die »Kulturimperialisten« aus China hätten die ambivalenten Dämonen der japanischen Mythologie verteufelt, machen manche Anwälte des Satansnamens geltend. Die Debatte wird weitergehen.

Unterdessen stellt sich mindestens für Ausländer die Frage, warum sich eine Nation, die weder Staatsreligion noch Kirchensteuer und erst seit knapp 120 Jahren die Pflicht zur Namensgebung kennt, an diesem Fall entzündet. Warum erregen sich sprachkünstlerisch wie schriftästhetisch hochgebildete Menschen, die sich nichts daraus machen, daß allein ihr Zeichen »-nori« 225 verschiedene Bedeutungen hat, über die Eindeutigkeit des Baby-Dämons? Japaner leben sonst gelassen mit dem etwas verwirrenden Paradoxon, daß Namen so erratisch sind wie Adressen in Tôkyôs Gassen: man muß sie gesprochen hören, um sie korrekt aussprechen zu können, man muß dort gewesen sein, um zum ersten Mal hinzufinden. Es ist deshalb akzeptierte Praxis unter Japanern, einen Geschäftspartner lieber mit »Herr Honda« oder »Herr Panasonic« anzusprechen, als ihn durch eine falsche Vertonung seines Namenszeichens zu beleidigen. Gute Freunde, die seit der Grundschule einander gewogen sind, kennen oft den Vornamen des anderen nicht. Überhaupt werden nirgendwo Namen so leicht abgestreift wie in Japan, wo die Adoption von Erwachsenen, Spottnamen, Künstler-Pseudonyme und die postumen Buddha-Namen jedes Gläubigen allgemeines Namenschaos stiften, ohne zu verunsichern. Akuma, der Name des Unaussprechlichen, hätte immerhin den Vorzug, nicht mißverständlich zu sein.

Es scheint, als finde sich die überzeugendste

Erklärung für den Aufruhr um den kleinen Akuma zunächst in den gängigen Namen und im Aberglauben der Japaner. Wer seine Jungen hoffnungsvoll »Wohlstand« (*shigeru*) oder »Wahrheit« (*makoto*) nennt, wer seinen Töchtern »Frieden« (*kazuko*), »Reinheit« (*kiyo*) oder anmutige Jahreszeiten und Blumen andichtet, hofft wohl in seinem Innersten, daß im Namen ein Omen liegt. Doch hängen auch andere Kulturen dem nämlichen Wunschdenken an. Entscheidender für den Furor der Leserbriefschreiber könnte die Einsicht sein, wie streng die japanische Gesellschaft jede Abweichung in Verhalten und Aussehen, Herkunft oder Talent noch immer ahndet. Schulkinder sind die ersten Opfer dieser Konventionsstrafen, und sie sind die jüngsten Täter. Das Erziehungsministerium veröffentlichte zum Jahresende 1994 Statistiken, die einem Hilfeschrei gleichkommen. Danach wurden im letzten Schuljahr über 23.000 Fälle von schweren Mißhandlungen gemeldet. Die Dunkelziffer liegt um ein Mehrfaches darüber. Es wird vermutet, daß die Peinigung auffälliger Mitschüler, die bis zum Mord ausarten kann, mit dafür verantwortlich ist, daß mehr als 72.000 Kinder als notorische Schulschwänzer gelten und, schlimmer noch, daß 159 Kinder im Jahr 1994 Selbstmord begingen, fast ein Drittel mehr als im Vorjahr. Immer mehr Japaner empören sich über diesen entsetzlich hohen Preis für ihren sozialen Frieden. Sie sind es vielleicht auch, die ahnen, daß ein Junge namens Akuma bald von allen zum Teufel gejagt werden würde.

## *For a Nobel Cause*

*Interview mit Ôe Kenzaburô: Über sich selbst, Meister Eckart, Mishima (seine Nemesis), den Kaiser, Rechtsradikale, Mao, Grass, et al., geführt am 28. September 1994 in Tôkyô, erschienen am 14. Oktober 1994. Am 13. Oktober 1994 wurde Ôe der Nobelpreis für Literatur zugesprochen.*

*Vor einigen Wochen erregte die Nachricht, Sie wollten nach Abschluß Ihrer Trilogie keine Romane mehr schreiben, auch im Ausland Aufsehen und Verwunderung. Der Grund: Ihr Sohn Hikari, dessen geistige Behinderung seit seiner Geburt 1963 zu Ihren großen Leitmotiven zählt, habe als Komponist von Kammermusik seine Sprache gefunden und benötige keinen »Stellvertreter« mehr.*

Jener Reporter der Zeitung *Asahi* kam aus dem Ressort Soziales und Vermischtes, war also kein Literaturfachmann; er hat das Interview wohl etwas vereinfacht wiedergegeben. Was ich gesagt habe, ist, daß vom Entwickeln einer Romanidee über die Wahl der Methode bis zum Schreiben gewöhnlich 15 Jahre oder mehr vergehen. Das Thema, das mich seit langem beschäftigt hat und das ich mit der Trilogie abgeschlossen habe, besteht aus drei Elementen. Die erste Figur ist ein ganz normaler japanischer Zeitgenosse mit seinen Problemen, der in der Stadt lebt und gelegentlich ins Ausland reist, nach New York oder auch nach Mexiko. Dazu kommt das Parallelthema in der Perspektive eines Dorfes auf der Insel Shikoku (*wo Ôe*

*1935 als Sohn eines Bauern geboren wurde*). Dorthin, an den Rand Japans, kehrt der Städter aus Tôkyô zurück und sieht sich mit der Mythenwelt des alten Japan konfrontiert. Das dritte Subthema ist die Erlebniswelt eines behinderten Kindes, das als Vermittler zwischen Großstadtmilieu und Dorfkultur auftritt. Die Arbeit an diesem Themenkomplex habe ich mit Abschluß des letzten Romans endlich beendet, ich habe alles gesagt, was ich dazu sagen wollte. Aber ich verstehe, daß eine Kausalverbindung zwischen dem Erfolg meines Sohnes und meinem Romanverzicht, wie mir ein amerikanischer Freund schrieb, ziemlich rätselhaft wirkt. Richtig ist, daß ich in den 31 Jahren unseres Zusammenlebens versucht habe, das zu schreiben, was er gern gesagt hätte, wenn er sich sprachlich hätte mitteilen können. Wenn ich heute seine Musik höre, meine ich, daß er keines stellvertretenden Sprechers mehr bedarf. Ich werde mich künftig mehr mit meiner eigenen Seele beschäftigen. Es war wohl ohnehin etwas überheblich, die Seele eines anderen lesen zu wollen.

*Was bewegt also Ihre Seele literarisch?*

Ich will die europäische Geistesgeschichte genauer erforschen, die immer noch auf viele Japaner einen großen Einfluß ausübt. Der deutsche Mystizismus von Meister Eckart und Jakob Böhme etwa, der wiederum einen Mann wie William Blake prägte, und so fort; gerade die Wirkung auf mich, einen »Ungläubigen«, finde ich interessant. Hundert Bücher zu dem Thema, auch englische und französische, habe ich schon gekauft. Bis ich die studiert habe, muß das Schreiben von Romanen zurückstehen. Natürlich habe ich die Seele eines Japaners beziehungsweise eines Asiaten, und eigentlich will ich in den europäischen Mystizismus eintauchen, um ihn als Vermittler zu einem asiatischen Mystizismus zu benutzen. Unter den japanischen Schriftstellern hat vor allem Mishima Yukio dieses Thema aufgegriffen, besonders in seinen Spätwerken, und er hat über Japan hinaus ganz Ostasien und Indien mit einbezogen. Nun bin ich aber aus politischen und literarischen Gründen ein Gegner Mishimas, und es geht mir gerade darum, Mishima den japanischen oder asiatischen Mystizismus streitig zu machen. Um dem nachzuspüren, kann man nicht in den Städten bleiben, man muß an die Peripherie gehen. Ob das Thema die japanischen Leser bewegt, ist von nachrangiger Bedeutung. Etwa so unbedeutend wie die Frage, ob Ôe einen Roman schreibt oder nicht. Meine Leserschaft verringert sich ständig.

*Mishima erscheint bei Ihnen immer wieder als eine Art kaiserlich-schintoistischer Antichrist, der mit seinen Romanen und seinem operettenhaften Putschversuch bereitwillig seine Rolle in einem europäisch verzerrten Japan-Bild gespielt hat. Noch 1990 nannten sie bei einem Symposion in San Francisco seinen Freitod 1970 durch harakiri eine »Perversion« und einen »Verrat an allen Asiaten« und wurden dafür hart kritisiert. Im Westen scheint man wenig geneigt, Mishima wegen seines politischen Abenteurertums die hohe literarische Qualität seines Werks abzusprechen.*

Darauf gebe ich gerne eine direkte Antwort: Es gibt Leute, die meinen, man könne die politische Haltung von literarischen oder philosophischen

Leistungen trennen. Für mich war das stets untrennbar; die Literatur ist Ausdruck des Lebens selbst. Damals in San Francisco wurde auch Heidegger wegen seiner Nähe zum Nationalsozialismus kritisiert, es gab einen Skandal in der philosophischen Welt. Oder nehmen Sie Céline, dem dasselbe vorgeworfen wird. Politisch ist das nicht zu verteidigen, aber trotzdem schätze ich Céline als Schriftsteller sehr und finde genügend unpolitische Qualitäten in seinem Werk (*Ôe ist Romanist, Sartre-Verehrer und galt bei seiner Entdeckung 1959 als Japans erster Existentialist*). Nun bin ich mir des Widerspruchs zu dem bewußt, was ich gerade über Mishima gesagt habe. Meine Verehrung gilt Schriftstellern wie Thomas Mann und Günter Grass, die politische und literarische Größe verbinden. Also bleibt die Frage, in welche der beiden Kategorien Mishima gehört. Die Europäer sehen ihn in einer Gruppe mit Céline, und wenn man etwa an »Madame de Sade« (»Sado kôshaku fujin«, 1965) denkt, kann man seine literarische Qualität vielleicht wirklich unpolitisch bewerten. Ich habe es immerhin geschafft, Richard Wagner für mich zu entdecken, den ich ächtete, weil Mishima ihn liebte, bis ich mich vor zwei Jahren in Wien vier Tage lang an seinen Opern berauschte. Für mich aber bleibt das unüberwindliche Problem, daß Mishima die japanische Armee zu einem Staatsstreich aufhetzte. Wie soll man ignorieren, daß ein Schriftsteller zum Putsch aufruft? Dazu kommt, daß in Japan der Tennoismus nach wie vor das politische und kulturelle Zentrum bildet. Man sieht das schon daran, daß hier alle Schriftsteller von Rang der Kunstakademie angehören, deren Mitglieder vom *Tennô*, dem Kaiser, ernannt werden. Alle akzeptieren das, ich lehne es ab und bin deshalb kein Mitglied. Übrigens hat Mishima Yukio nie eine Trennung von Leben und Werk geduldet. Er sehnte sich danach, im Westen als Repräsentant Japans zu gelten, und verhielt sich danach. Ich bin zu einer gespaltenen Wahrnehmung Mishimas nicht imstande.

*Sie sind schon Ende der fünfziger Jahre in ungewöhnlich scharfer Form für die Abschaffung des Kaisertums eingetreten. Ihre beiden Erzählungen »Siebzehn« und »Tod eines politischen Jugendlichen«, in denen Sie den jungen fanatischen Attentäter des sozialistischen Parteichefs Asanuma Inejirô im Oktober 1960, sein Leben und seinen Selbstmord in der Haft beschrieben, brachten Sie für viele Jahre auf die »Abschußliste« von Japans Rechtsradikalen. Erst im Mai 1992 wurde ihr Schwager, der Filmregisseur Itami Juzô, von einigen Gangstern mit dem Messer übel zugerichtet, weil einer seiner Filme die yakuza verspottete. Fühlen Sie sich noch immer bedroht?*

Ich bin sowohl gegen die Verfassung Kaiser Meijis (von 1868) wie gegen die Nachkriegs-Verfassung, weil beide, wenn auch in unterschiedlicher Form, den *Tennô* zum Mittelpunkt des Staates erklären. Das sollte geändert werden: Das Kaisertum muß von einem Volkssouverän ersetzt werden. Aber die absolute Autorität des *Tennô* wird in Politik, Gesellschaft und Kultur Japans noch immer nicht in Frage gestellt. Unser sogenannter sozialistischer Premierminister Murayama erhält seine Ernennungsurkunde vom Kaiser. Oder sehen Sie sich nur die Talkshows und News-Shows im Fernsehen an. Dort werden die Skandale von irgendwelchen kleinen Schauspielern mit heftigen, abschätzigen Worten angegriffen. Aber wenn die Rede auf die kaiserliche Familie kommt, ändert sich die Sprache der Ansagerinnen schlagartig, nicht nur Wortwahl, sondern auch Syntax und Grammatik. Es muß unsere Aufgabe sein, uns von diesem magisch-autoritären *Tennô*-Kult zu befreien. Ich habe das erst kürzlich wieder in der Tageszeitung *Tôkyô Shimbun* gefordert. (*Das Telefon unterbricht Ôe, er nimmt ab und legt nach Sekunden wortlos wieder auf.*) Dieser anonyme Anruf war ein Beispiel. Normalerweise bekomme ich die nicht mehr, wohl weil die Leute glauben, es gebe mich schon lange nicht mehr. Aber wenn ich wieder einmal in Zeitungen oder im Fernsehen auftauche und ein Buch veröffentliche, bekomme ich ab und zu solche Anrufe. Entweder sie schweigen oder beschimpfen mich als »Roten« oder sagen, ich solle verrecken. Aber eigentlich fühle ich mich physisch nicht sonderlich bedroht. Einmal gab es eine Prügelei mit einem, der sich als Rechtsradikaler bezeichnete, aber ich glaube, er war nur betrunken. Ich erinnere mich an eine Anekdote, die Günter Grass im »Tagebuch einer Schnecke«, glaube ich, beschreibt. Grass wurde im Frankfurter Hauptbahnhof angepöbelt, er solle aus Deutschland abhauen. Es entwickelte sich ein Wortgefecht, polemisch, aber immerhin ein Streit mit Argumenten. In Japan kann ich mir eine solche Szene nicht vorstellen. Ich schätze diese Reife der deutschen Gesellschaft, die auch einige große Politiker hervorgebracht hat. Es lohnt sich, etwa die Abschiedsrede Richard von Weizsäckers zu lesen. Ich wüßte in Japan keinen Politiker, von dem es sich lohnte, eine Rede in andere Sprachen zu übersetzen.

*Aber ist Ihr Eindruck von Deutschland nicht zu geschönt? Was ist mit den Gewalttaten gegen Ausländer? Japan hat ein vielstufiges Diskriminierungssystem, an dessen unterem Ende Koreaner und Ainu stehen, aber man steckt ihnen nicht die Häuser über dem Kopf an.*

Das stimmt schon. Als ich vor zwanzig Jahren eine Weile in Paris lebte, hat mir ein türkischer Freund von Diskriminierung in Deutschland berichtet. Aber wenn man den Ausländeranteil in Japan mit dem in Deutschland vergleicht, ist klar, daß solche Übergriffe hier erst noch bevorstehen. Die Aggression ist noch latent. Aber wir müssen dafür sorgen, daß das so bleibt. Es gibt eigentlich eine Tradition in Japan, Ausländer freundlich zu behandeln. Aber diese ist bedroht, wie man in jüngster Zeit an dem groben Verhalten einiger Politiker gegenüber Amerika sehen kann. Noch haben wir keine Neonazis. Ich habe mich parteipolitisch nie so engagiert wie Grass früher, wenn auch nur einige Jahre, für die SPD. Schriftsteller haben kein glückliches Verhältnis zur Parteipolitik, gleich ob sie Sartre, Grass oder anders heißen. Ich selbst habe nur gelegentlich das Engagement der Kommunistischen Partei Japans (KPJ) für die Atombombenopfer unterstützt, weil sie als einzige aufrecht für gesetzliche Entschädigung stritt. Dennoch hat mir Willy Brandt vor Jahren bei einem Japanbesuch gesagt, Ôe Kenzaburo spiele in seinem Land offenbar dieselbe Rolle wie Günter Grass in Deutschland: die des Nestbeschmutzers. *(Ôe lacht nicht ohne Genugtuung, doch ohne Kokketterie – nichts wäre ihm fremder – und bestätigt vergnügt, daß er sich 1989 in Brüssel bei seiner Dankesrede anläßlich der Verleihung des »Europalia«-Literaturpreises als »schwarzes Schaf« unter Japans Schriftstellern bezeichnete.)*

*In diese Rolle haben Sie sich doch schon früh willig gefügt und sie als eine gewisse Auszeichnung verstanden, scheint mir. Berühmt wurde 1960 Ihre Lobpreisung Mao Tse-tungs, den Sie nach der Rückkehr von einer Chinareise als großen »orientalischen Philosophen und politischen Führer« feierten. Sie sagten, durch die Begegnung mit Mao hätten Sie »orientalischen Stolz und Geist« in sich wiederentdeckt und bezeichneten Japan als »Halbkolonie«.*

Es ist wahr, daß ich damals von Mao Tse-tung sehr beeindruckt war. Man kann seine Werke in zwei Kategorien einteilen. Der eine Teil der Texte befaßt sich mit der praktischen Durchführung der Revolution. Der andere Teil, etwa die berühmte »Theorie der Widersprüche«, die ich sehr schätze, behandelt die Sprachphilosophie. In diesem Sinne habe ich damals gesagt: Es gibt Menschen in Europa oder in Amerika, auf die man stolz sein kann, und wenn man mich nach einer solchen Figur in Asien fragte, würde ich Mao nennen. Aber ich beschäftige mich heute neben chinesischer Literatur auch mit Autoren in Korea oder Okinawa oder Shikoku, die eben nicht im Zentrum zu finden sind, sondern am Rande. Ich suche eine andere Kultur. Natürlich meine ich nicht die Spitzenpolitiker in China, sondern eine Volkskultur, wenn ich von asiatischem Denken spreche, davon also, wie Asiaten die Seele, den Tod und das Leben betrachten. Darüber will ich schreiben. Und das ist etwas anderes als der Schintoismus, der in Japan mit dem Kaisertum verbunden ist.

*Aber reden Sie nicht damit auch dem sogenannten »Neuen Asianismus« das Wort, einem von der Wirtschaftsdynamik angetriebenen, recht selbstgerechten Kulturkampf, der die alten Kolonialmächte nun noch einmal moralisch besiegen will, indem er etwa die Universalität der abendländisch geprägten Menschenrechte bestreitet?*

Nein, dafür habe ich nicht die geringsten Sympathien. Es sind die Machtpolitiker in den entsprechenden Ländern, die von »asiatischen Menschenrechten« reden. Unterdrückte gibt es überall, ob in China, Singapur oder Korea, und selbstverständlich haben die Menschenrechte universell für alle zu gelten. Ich denke auch an die jungen chinesischen Schriftsteller, die nach dem Tiananmen-Massaker 1989 emigrieren mußten oder mit Berufsverbot zum Schweigen gebracht wurden. Ich möchte ihnen gerne helfen, Übersetzungen ins Japanische vermitteln oder Ähnliches. Die Amerikaner haben recht, wenn sie auf die Einhaltung der Menschenrechte in China bestehen. Die japanischen Politiker sind da sehr zurückhaltend, weil sie weiter gute Geschäfte mit China machen wollen. Weder Mao noch Tschou En-lai haben je behauptet, daß es eine besondere Art von Menschenrechten in China gebe.

*Hat denn die mörderische Kulturrevolution Ihre Verehrung von Mao nicht getrübt? Hat der Zusammenbruch der kommunistischen Systeme Ihre Positionen irgendwie erschüttert?*

Ich war nie Kommunist, dann schon eher ein Anarchist, politisch gesehen. Ich habe als Student

Sartre bewundert, und China oder auch die Sowjetunion habe ich nicht geliebt, weil sie sozialistische Länder waren. Als Liberaler weiß ich, daß die Kulturrevolution ein Fehler war und der Zusammenbruch der Sowjetunion eine historische Tatsache ist. Das heißt nicht, daß ich von der Idee des Sozialismus enttäuscht bin. Ich habe nie daran geglaubt, daß ein sozialistischer Staat besser sei als ein kapitalistischer Staat, oder umgekehrt. Auf beide richtete ich nie besondere Hoffnungen. Lenins Werke lese ich nach wie vor und schätze ihn als Denker hoch ein. Die Sowjetunion ist nicht wegen ihrer fehlerhaften Ideologie zusammengebrochen, und ich akzeptiere die Deutung nicht, daß die Geschichte nun den Wettstreit der Systeme entschieden habe. Europa, Amerika und China befinden sich in einer gleich tiefen Krise, keiner nimmt da dem anderen etwas. Mich würde sehr interessieren, wie Christoph Hein heute über den Sozialismus denkt, an den er als politisches System glaubte. Von ihm wüßte ich gern, wie er die neuen Verhältnisse einschätzt.

*Sie waren im Oktober 1990, nur wenige Tage nach der deutschen Vereinigung, in Frankfurt auf der Buchmesse. Haben Sie die Entwicklung seither verfolgt?*

Ich vermag nicht zu beurteilen, ob die Entwicklung etwa der deutschen Literatur nach der Vereinigung positiv oder negativ war. Es war eine historische Notwendigkeit ohne Alternative. Daß Günter Grass vor, während und nach der Vereinigung eine konsequente Haltung gezeigt hat, schätze ich sehr. Ich versuche seine Essays in Amerika oder Frankreich aufzutreiben. Sein Blick auf Europa prägt mich heute so wie früher der Thomas Manns. Ich habe Christa Wolf einmal in Moskau getroffen und glaube, sie hat die letzten fünf Jahre sehr redlich gelebt. Damals in Frankfurt habe ich einen ganzen Tag mit Christoph Hein im Gespräch über chinesische Literatur verbracht. Er schreibt sehr gute Essays und Erzählungen und versteht viel von China. Früher oder später, so hoffe ich, wird Hein die Vereinigung und die Ereignisse danach präzise beschreiben. Ich warte darauf. Wenn man die deutschen Schriftsteller mit Autoren kommunistischer Länder, zum Beispiel der Sowjetunion vergleicht, scheinen sie mir, Ost- wie Westdeutsche, am redlichsten gegenüber der Geschichte.

*Sie haben ihre Karriere mit Erzählungen von dekadenten, ausgehöhlten Jugendlichen im Nachkriegsjapan begründet. Wie sehen Sie diese Jugend und ihre Autoren heute – noch dekadenter als damals?*

Ich war selbst ein ziemlich düsterer Mensch damals und habe die Verzweiflung in der Gesellschaft beschrieben. Heute trifft man in den Romanen auf Figuren, die nicht minder dekadent, aber sehr heiter sind. Diese jungen Leute haben wahrscheinlich nie unter ihrer Herkunft gelitten oder andere Schwierigkeiten erlebt wie ich, der von der Provinz an die Tokioter Universität kam, und das während der Besatzungszeit. Das hat mich geformt. Die jungen Schriftsteller heute schreiben besser und geschickter als ich, ihre Romane sind leichter lesbar. Ich wollte damals ein anderes Japanisch schreiben und modellierte und knetete die Sätze so sehr, daß der Text schwer zu lesen war.

Heute erreichen die Romane der Jungen mühelos Auflagen von fünfhunderttausend oder einer Million. Meine letzten beiden Bücher haben gerade noch eine Auflage von dreißigtausend Exemplaren erlebt. Ich hoffe, sie sinkt beim letzten Teil der Trilogie nicht auf zehntausend.

*Wären Sie eher geschmeichelt oder erschrocken, wenn man Ihnen den Literatur-Nobelpreis zuerkennen würde?*

Ich lese zuviel, in Spanisch, Englisch und Französisch, um daran zu glauben. Wäre Abe Kôbô noch am Leben, wäre er ein sicherer Kandidat. Aber auf der ganzen Welt gibt es so vorzügliche Schriftsteller, von Kundera bis Vargas Llosa oder Lu Chen. Wenn ich den Preis bekäme, und eben nicht Günter Grass oder andere, würde ich wirklich erschrecken. Andererseits: Ich wäre sehr glücklich, wenn der Nobelpreis nach Asien ginge. Die asiatische Literatur wird noch viel zuwenig gelesen. Sie könnte Werbung gut gebrauchen. Seit Kawabata Yasunari gab es in Asien keinen Nobelpreis für Literatur mehr. Das war 1968.

*(Die von Ôe beschriebenen Studien zum europäischen Mystizismus mündeten, unter dem Eindruck des Giftgasanschlags des »Aum«-Kults im März 1995, in einem Roman über religiösen Fanatismus.)*

## *Mikimoto und Wie der General den Mond zum Weinen brachte*

Es war ein verregneter Samstagmittag in Tôkyô, das Geschäft ging schleppend, und sie wußte, daß er nichts kaufen würde. Bevor sich ihr Blick in geschulter Demut auf die Vitrinen senkte, hatte sie den Ausländer kundig taxiert. Das ziemlich billige Tuch seiner Jacke, der durchnäßte Schirm in der Klarsichtfolie, die am Eingang ausgegeben wurde, der tastende Schritt, der vor den falschen Auslagen innehält, das angestrengt abschätzige Lächeln vor dem Diamantkollier für vier Millionen Mark und das verlegene Lächeln über dem Platinring mit der asymmetrisch gefaßten, rosig schimmernden Perle für sechstausend Mark – sie erkannte den typischen Flaneur, der sich nicht einmal die Mehrwertsteuer einer Vierzig-Zentimeter-Kette leisten konnte, und begann sogleich, auf die anmutigste Weise ihre Zeit zu verschwenden.

Perlen vor die Barbaren. Man kennt sie bei Mikimoto in Ginza-4-chome seit fast neunzig Jahren und läßt es sie nicht spüren. Sie leiden ja genug. Manche werden Kunden, manche, die eben noch Perlen an Schnüren so langweilig fanden wie ein makelloses Gebiß, werden süchtig. Die anderen läßt man heute umhergehen wie mechanische Schaufensterpuppen in der Glasfassade des sechsstöckigen Gebäudes an der teuersten Kreuzung der Welt.

Auch sie gewährte dem Flaneur gut zwei Minuten, dann hob sie das Samtpolster mit jenem Perlenring auf die Theke – weiß der Himmel, wie sie seinen Blick berechnet hatte – und beantwortete, während ihr Blick auf der beschlagenen Hülle seines Regenschirms Halt fand, die Fragen, die er nicht gestellt hatte. Man starrt einander nicht an in Japan, schon gar nicht bei Mikimoto. Sie sprach beiläufig von den Proteinen und den kristallinen Schichten des Kalziums, zwei tausendstel Millimeter dünn, sie erklärte die Regenbogen-Lichtbrechung; warum von den japanischen »Akoya«-Muscheln nur Perlen bis zehn Millimeter geerntet werden und daß Perlen inzwischen bei Beerdigungen so passend sind wie bei Hochzeiten. Von Preisnachlässen sprach sie nicht. Sie war eine ganz fabelhafte Verkäuferin. Ihr Kunde ging mit schlechtem Gewissen, weil er ihr den Gefallen nicht getan hatte, ihr Urteil zu beschämen, und mit dem sicheren Gefühl, daß der alte Mikimoto Kôkichi, der große Zuchtmeister, den seine Leute *taishô*, General, nannten, mit ihr zufrieden gewesen wäre. Nicht ohne Wehmut gedachte der Flaneur, während er auf die regennasse Ginza hinaustrat, der Zeiten in den frühen fünfziger Jahren, als hier sorglose GIs um hundert Dollar eine Mikimoto-Kette für ihre Liebchen erstanden.

Von jenen Zeiten, als Mikimotos Zuchtperlenindustrie sich von einem fast ruinösen Exportverbot für »Luxusgüter« während des Krieges erholte, berichtet der Amerikaner Robert Eunson in seiner 1955 erschienenen Biographie »The Pearl King«. Der damalige Bürochef der *Associated Press*, gerade aus dem Koreakrieg zurückgekehrt, dürfte sich der gönnerhaften Siegersuada, mit der er plaudernd und ohne ein kritisches Wort das lange Leben Mikimotos (1858–1954) nacherzählte, kaum bewußt gewesen sein. Ebensowenig spürte wohl der Sohn des Firmengründers, Ryûzô, die Unterwürfigkeit in seinem Geleitwort, wo er für die »große Ehre« dankt und die Umsicht und Großzügigkeit lobpreist, mit der die Amerikaner Frieden in sein Land gebracht hätten. Beider Männer Tonfall, obwohl aus der Zeit zu verstehen, scheint heute sonderbar unangemessen für die Lebensgeschichte des ältesten Sohnes eines Nudelverkäufers in Toba auf der Ise-Halbinsel, der es mit Zähigkeit, einer ingeniösen Erfindungsgabe und unglaublichem Geschäftssinn zum ordensgeschmückten Nationalhelden, monopolistischen Multimillionär und Protegé dreier Kaiser brachte. Mikimoto hatte etliche Rückschläge und Fast-Bankrotte zu überstehen, die Vernichtung seiner Farmen durch »rote Fluten« tödlicher Algen, Tintenfischinvasionen, Taifune und die Widerstände der internationalen Naturperlenhändler, bis er im Februar 1908, zwanzig Jahre nach den ersten Zuchtversuchen, sein Patent mit der Nummer 13673 gesichert wußte. In den zwanziger Jahren, als er noch mit Prozessen gegen Fälschungsvorwürfe vorgehen mußte, umfaßte sein Königreich Geschäfte und Büros in London, Paris (ein historisches Foto zeigt das kuriose Ladenschild »Mikimoto«), New York, Chicago, Los Angeles, San Francisco, Schanghai, Peking, Nanking und Bombay. Als Mikimoto Kôkichi im Alter von 96 Jahren starb, hinterließ er 54 Nachfahren, eine halbe Milliarde Seeperlmuscheln mit einer Jahresproduktion von zehn Millionen Perlen und einen unsterblichen Mythos.

Er liebte es, Gott zu spielen mit Muscheln und Menschen. Sein privater Geiz ist so legendär wie seine öffentliche Großzügigkeit. Bis ins hohe Alter pflegte der General seine Perlenfischer in der Bucht mit dem Teleskop zu beobachten, Müßiggang zu bestrafen und Fleiß zu belohnen. Als der erste Industrielle Japans führte Mikimoto den Acht-Stunden-Tag und Betriebsrenten ein, wobei er von seinen Angestellten freilich erwartete, die übrige Mitbestimmung auf ein fröhlich donnerndes »Jawohl, General« zu beschränken. Mikimoto war nicht schlechter und in mancherlei Weise durchaus besser als die patriarchalischen Unternehmer seiner Zeit. Mangelndes Selbstbewußtsein jedenfalls spricht aus keiner einzigen der vielen Anekdoten, die nicht zuletzt er selbst über sich in Umlauf brachte. Er vermochte viel, als Erfinder, mit einer geschickten Spendenpolitik und Geschenkdiplomatie und einem ausgeprägten Sinn für Publizität. Er überschätzte sich maßlos, aber es schadete ihm nicht, als er prahlte, dafür sorgen zu können, daß »jede Frau eine Perlenkette für zwei Dollar kaufen kann« und er allen anderen, die sich nicht einmal das leisten könnten, eine Kette schenken werde. Er übertrieb schamlos und profitierte davon, als er 1933 »einen der größten Momente der Weltgeschichte« ausrief, nur weil er vor der Handelskammer in Kôbe eine öffentliche Verbrennung von 720.000 minderwertigen Perlen inszenierte. Eigenhändig schippte der General, wie bei solchen Anlässen üblich, angetan mit seinem besten *kimono* und einer Melone, vor neidisch raunenden Schaulustigen aufgekaufte Perlen im Wert von 25.000 Dollar in einen Ofen, um unseriöse Konkurrenten zu brandmarken und den Preis der eigenen makellosen Produktion stabil zu halten: »Nur wenn wir mindere Ware vermeiden«, verkündete er, »werden japanische Perlen die Nacken von Frauen überall auf der Welt zieren.« Er behielt recht, die bald legendäre PR-Aktion war die paar Dollar wert.

Einen seltenen Zug von Bescheidenheit vor einem noch größeren Erfinder offenbart allenfalls die Geschichte von Mikimotos Zusammentreffen mit Thomas Edison bei einer Werbereise durch Amerika im Jahr 1927. Edison soll ungläubige Verehrung bekundet haben für Mikimotos »Weltwunder« – »die einzigen beiden Dinge, die ich in meinem Laboratorium nicht herstellen kann – Diamanten und Perlen«. Darauf soll der zutiefst gerührte Mikimoto bemerkt haben: »Wenn Sie der Mond in der Welt der Erfinder sind, dann bin ich nur einer der ungezählten Sterne.« Ach, diese Selbsteinschätzung fiel nun wieder allzu bescheiden aus. Mikimotos Technik, einen Fremdkörper zwischen Perlmutterschicht und Bindegewebe der Muschel so einzuführen, daß sich ein Perlsack bildet und den Eindringling mit Sekret ummantelt, war nicht allein der Triumph japanischen Erfindungsgeistes über europäischen Snobismus. Andere hatten es zwar lange vor ihm versucht, darunter ein Deutscher namens Hessling mit Flußperlmuscheln. Aber womöglich scheiterten sie nicht nur an mangelndem Geschick, Geschäftssinn oder Glück, sondern an ihrem Glauben. Denn das Abendland, zumal das vorindustrielle, verehrte stets das Gewachsene, Originale, als göttlichen Willen in der Natur wie in den Künsten. Einem Mann wie Mikimoto Kôkichi aber, der sein Leben lang dem Ahnenkult des Schintoismus nahestand, mußte das als metaphysischer Fetischismus, ja als lahme Ausrede erscheinen. Nicht die Erde, den Himmel wollte er sich untertan machen.

Der Schintoismus und seine Myriaden von Göttern (*kami*) für alle Gelegenheiten halten sich strikt an das Diesseits, in dem sich alle Hoffnungen erfüllen; die buchlose Lehre, mehr Ahnenkult als Religion, verabscheut den Tod und macht keinen Unterschied zwischen belebter und unbelebter Natur: Die verfeinernde, verkleinernde, kontrollierende Menschenhand schafft erst das Göttliche. So beseelen die *kami* Fels und Baum, Computer und Stahlbetonhaus und erst recht die Fremdkörperkultur, mit der Mikimoto seine Muscheln in einer Art unendlich mühsamen Scheinschwangerschaft zum Gebären von organischen Juwelen stimulierte. Wäre er ein Jahrhundert später geboren worden, er hätte vielleicht Transistoren und Mikrochips gezüchtet. Die japanische Inselwelt war dem Perlenzüchter schon zu eng. Mikimoto, noch im weltabgeschiedenen Feudalismus des Shogunats geboren, dachte bemerkenswert international, als er um die Jahrhundertwende seine jungen Juweliere zum Studium nach Europa schickte. Japan kannte kaum originale Goldschmiedekunst; der ehrgeizige General, der nicht als reicher Rohstofflieferant enden wollte, eröffnete 1907 seine erste Goldschmiedewerkstatt, stieg 1924 zum Hoflieferanten auf und sorgte dafür, daß diese Position, auch als es sie nach dem Krieg nicht mehr geben durfte, von der Familie bis heute nicht preisgegeben wurde.

Tränen des Mondes, Bernsteinblut des Meeres – sentimentales, dummes, westliches Zeug. Es ist kaum vorstellbar, daß Mikimoto Kôkichi je Scheu empfand, als er Plastik- und Glaskügelchen und schließlich Perlmuttbruchstücke in die Geschlechtsteile einer Muschel einpflanzte. Dem Perlen-Monomanen ging seine Zucht, es ging ihm seine Weltordnung über alles. Mitleidigen Naturen mag seine Methode in ihren Einzelheiten noch undelikater erscheinen als andere Züchtungen. Denn sie spielt nicht nur mit künstlicher Befruchtung, sondern mit einer krankhaften Erscheinung: Die Kreatur wehrt sich gegen das Implantat, indem sie Perlmutsekret spuckt und durch das Einspinnen in einen tumorartigen Kokon emsig ihren profitablen Tod herbeiführt. Das wäre, wenn man einen bizarren Vergleich wagt, etwa so, als stopfte man Gänse mit Weißblech, um ihre Leberpastete gleich in Dosen zu gewinnen. Nun kann man immerhin sagen, es sei einerlei, ob eine Muschel durch das Messer eines Perlenfischers stirbt oder durch einen Oktopus, der es auf ihr Fleisch abgesehen hat.

Der General ließe das nicht gelten. Im Gegenteil. Werden Japans Zuchtmuscheln nicht behütet und gepflegt, in temperiertem, möglichst sauberem Wasser gehalten (nicht über 22, niemals unter 10 Grad Celsius), regelmäßig von Parasiten gereinigt, vor dem Ersticken bewahrt, wenn sie zu dicht beisammen wachsen, in Körben vor natürlichen Feinden und in Buchten vor Stürmen geschützt? Mikimoto und seine Nachahmer geben ihnen kein übles Auskommen, gerade den häßlichsten, die nach einer froschkönigartigen Legende die schönsten Perlen bilden. Einzig der Euphemismus »Ernte« deutet an, daß ihre Existenz nicht mehr gilt als die eines Tresors oder Gewächshauses.

Muscheln sind geschlechtsreif nach drei Jahren und werden kaum älter als zehn. Wenn sie etwa sechs Zentimeter Umfang erreichen, sind sie als »Muttermuscheln« geeignet. Zwei Jahre braucht die Abstoßungsarbeit an einer Perle, wenn sie den Eindringling überleben. Die Hälfte der Muscheln, so die Auslese-Statistik bei Mikimoto, stirbt an dem Eingriff, am sauerstoffverzehrenden Plankton der »roten Flut« oder Krankheiten. Von der vitalen Hälfte bestreiken etwa fünf Prozent Mikimotos Erfindung, sie lassen den Fremdkörper nackt und unbehelligt; 17 Prozent produzieren gehorsam Perlen, allerdings, gewissermaßen in zivilem Ungehorsam, unverkäufliche Mißbildungen; 28 Prozent schließlich sind marktfähig, gerade fünf Prozent erreichen höchste Qualität, *hanadama*, in Größe, Färbung, Glanz, symmetrischer Gestalt. Die modeabhängige Bewertungsskala verzeichnet, mit abnehmender Beliebtheit, Namen wie »Rund«, »Tropfen«, »Barock«, »Zwilling«, »Samen«. Bei den Färbungen »Pink«, »Gold«, »Blau« und »Schwarz«, die von Einschließungen und Pigmentierung abhängen, wird die Attraktivität noch mehr zur Geschmacksache. Es gilt die Faustregel: je größer und makelloser rund, desto teurer. Unbezahlbar, vergleichbar mit Briefmarken-Fehldrukken, sind wiederum die berühmtesten Mißbildungen natürlicher Perlen, phantastische Freaks, zu monströs, um schön zu sein. Die »Pearl of Asia« etwa, im 17. Jahrhundert im Persischen Golf gefunden, mißt 7,6 mal 5 Zentimeter, wiegt 114 Gramm und gleicht einer mit edelsten Metallen verzierten Albino-Aubergine. Sie soll einer chinesischen Kaiserin als Glücksbringer gedient haben. »K. Mikimoto & Co.« diente sie im Februar 1993 als Ausstellungsstück in ihrem Stammhaus in der Ginza.

Glaubt man ausnahmsweise den Propagandisten Nordkoreas, ist allerdings die wahre Perle

Asiens von einer Taucherin vor der südkoreanischen Insel Cheju geborgen worden. In der Nacht nach dem Fund sei ihr der »Liebe Führer« Kim Jong-il im Traum erschienen und habe ihr befohlen, die Perle seinem Vater Kim Il-sung zu schenken. Seither, so die Sage aus Pjöngjang, sei sie unablässig gewachsen und inzwischen auf die Größe eines Volleyballs angeschwollen. Ob der »Große Führer« Kim Il-sung, dessen Tod im Juli nach Beobachtung der Parteizeitung »Berge und Seen« zum Weinen brachte, das Perlwunder je zugespielt bekam, ist nicht bekannt. Für halbwegs normale Kunden und Züchter sind Perlen nur gemeinsam stark, in Ketten und in der Kolonie. Siebzig Tonnen Perlen produziert Japan heute im Jahr, etwa die Hälfte wird exportiert; zehntausend Menschen leben davon. Fast Dreiviertel der Zuchtperlen wachsen in den geschützten Buchten der Präfektur Mie, in der auch Mikimotos Geburtsort Toba liegt. Dort und in der Ago-Bucht an der westlichen Küste der Halbinsel, die geschmackvollerweise niemand Japans Pearl Harbor nennt, unternahm er vor fast hundert Jahren seine ersten erfolglosen Zuchtversuche. Doch schon lange kaufen Mikimotos Gesandte auf Auktionen in aller Welt Perlen aus dem Golf von Bengalen, den Gewässern vor Australien – Südseeschönheiten, für die Japan zu kalt und zu eng ist. Für Japans Züchter ist neben dem teuren Yen und der Verschmutzung der See die nachdrängende Konkurrenz in China das größte Problem, die mit Billigware die wichtigsten Wachstumsmärkte in Korea, Taiwan und Singapur überschwemmt. In China sind auch Männer gute Kunden. Es ist der Aberglaube nicht auszulöschen, zerstampfte Perlen (wie Schlangengalle und andere Geheimtränke) könnten schlaffe Muskeln wieder aufrichten und härten.

Mikimoto Kôkichi, der, früh verwitwet, die Perlenzucht zu seiner getreuen Geliebten erklärte und den Flirt mit den Frauen der Welt als ihr wohltätiger Ausstatter offen genoß, hat sich um die Wirkung von Perlen auf Männerkörper nicht gekümmert. Einem Mann freilich vertraute er einmal an, leider würden Perlen, wie Frauen, im Alter nicht schöner. Andere Liebhaber nehmen die Frauen samt ihrem Schmuck galant in Schutz. Sie schwören, Perlen verlören an Glanz und Tiefe, wenn man ihnen zu lange Licht und Körperwärme vorenthalte. Vor Schweiß allerdings wird gewarnt, er ist der Rost der Perle. Daß Frauen allerdings auch ohne Perlen leben, altern, schön sein können, hat wohl auch der General geahnt. Nicht jede begehrt, nur weil Perlen seltene Gewächse und wertvoll sind, was Königs- und Adelshäuser seit Menschengedenken an Kronen heften und auf Prunkgewänder sticken ließen. Auch die Umsätze aus der 1972 aufgenommenen Verarbeitung von Edelsteinen und -metallen bei Mikimoto litten bisweilen unter Konjunktureinbrüchen durch Modelaunen, wenn etwa Diamanten gerade als beste Freunde der Mädchen galten. Der Perlen Klassizität und Perfektion, die durch keinen Schliff zu verbessern ist und die durch Fassungen nicht immer gewinnt, mag gerade ihr Makel sein. Und es ist vielleicht nicht allein der Preis, der Perlen reiferen Damen zu empfehlen scheint. Nicht zufällig besuchte Grace Kelly das Geburtshaus Mikimotos in Toba erst, als sie Fürstin Gracia war.

Um so beglückter war man bei Mikimoto, als im Juni 1993 die prächtige Hochzeit des Kronprinzen Naruhito mit der Bürgerlichen Masako Owada auch den Perlen wieder ein junges, attraktives Image zu verschaffen versprach. Der perlenbesetzte Verlobungsring für Frau Owada war, so wollte es ein offenes Geheimnis, von einem bestimmten berühmten Unternehmen gefertigt worden. Wie der Palast so war auch Mikimoto zu vornehm, solche Gerüchte zu kommentieren. Dem Geschäft taten sie wohl gut. Doch ändert das nichts daran: Manche Frauen, in Japan und anderswo, langweilt die erlesene Gleichmacherei von Perlen, die risikolose Kettenreaktion, die matte, zeitlose Glätte, die sich für Laien nur unter der Lupe oder bei der Zahnprobe als trügerisch erweist. Beißen wird übrigens nicht empfohlen, um echte (Zucht-)Perlen von Nachahmungen zu unterscheiden, eher ein Art feine Schleifbewegung entlang der Zahnkante. Die erlesenen Perlen, Juwelen und Geschmeide allerdings, die dem Familienunternehmen mit neunhundert Mitarbeitern im Geschäftsjahr 1992 einen Umsatz in Höhe von 525 Millionen Mark einbrachten, sind garantiert so echt wie ihre mit einer Luxussteuer von 15 Prozent gewürzten Preise. Bei Verkaufsgesprächen in einer der Niederlassungen der Mikimoto-Gruppe in Japan wie im Ausland möge man also von der Zahnprobe ebenso absehen wie vom Feilschen. Etwa die Hälfte des Mikimotopreises, erklärt ein amerikanischer Perlengroßhändler, ist wie eine Qualitätsversicherung zu entrichten. Vor der furchtbaren Peinlichkeit, ahnungslos Fälschungen zur Schau zu tragen, durch die Garantie Mikimotos geschützt zu sein, mag es wert sein. Dennoch tätigt das ehrwürdige Haus seine Geschäfte seit bald zwanzig Jahren unter Bankenaufsicht.

Es war ein diesig heißer Samstagmorgen in Tôkyô, als der Flaneur zu einer Pilgerfahrt nach Toba aufbrach, nicht nur um keine Perlen zu kaufen, sondern um den Gral ihres Schöpfers zu sehen. Die Idee war unoriginell; eine Million Japaner und zwanzigtausend Ausländer tun jedes Jahr dasselbe. Die Tochterfirma »Mikimoto Pearl Island« ernährt die Hafenstadt besser als einst Stammvater Mikimoto. Zwei Stunden im Hochgeschwindigkeitszug »Shinkansen« nach Nagoya, dann anderthalb Stunden die Ise-Halbinsel hinunter in einem mit blauem Plüsch gepolsterten, doppelstöckigen Salonwagen, ein provinzieller Orientexpreß, der überall hält, auch am allerheiligsten Schrein des Schintoismus, der in einem uralten Hain für die Vergänglichkeit aller Dinge steht und fällt, indem er alle zwanzig Jahre abgetragen und neu errichtet wird. »Please come again« bittet ein Schild an Tobas Ortsausgang, wohl in dem hilflosen Versuch, den überwältigenden Eindruck im Bahnhof zu dämpfen, den man nicht verlassen kann, ohne durch endlose Gänge mit Talmi- und Kitschgeschäften zu irren. Sie alle leben vom Mikimoto-Sog und dem Kaufzwang reisender Japaner, die ohne *omiage*, dem Souvenir für Familie und Freunde, kaum eine Tankstelle verlassen. Es gibt unscharfe Zeitungsfotos von Masako Owada mit Perlenbrosche, auf die ein fetter roter Pfeil weist, und das Versprechen, das gleiche Stück für wenig Geld hier erstehen zu können. Es gibt, wenn man den Tand-Angriff überstanden hat und zum Hafen flieht, die Kaffeestube Hilton und die *pachinko*-Spielhalle Asahi, ein paar Hotels und Hinweistafeln mit Landkarten fürs Surfen, Angeln, Baden und alle anderen Insignien der totalen Kommerzialisierung jedes Quadratmeters wie überall am Meer in Japan.

Auf der »Perleninsel«, über eine Fußgängerbrücke mit dem Kai verbunden, hat man mehr Geld und meist mehr Geschmack. Über die fast vier Meter hohe Bronzestatue des alten Mikimoto mit Melone und Hirtenstab, die gedrungen fehlproportioniert wirkt, als habe eine Faust sie gestaucht, möchte man nicht streiten. Über die Anmut des griechischen Perlenschmucks aus dem ersten Jahrhundert oder der Augsburger Vase (1590) im Museum kann man nicht streiten. Anders verhält es sich mit Mikimotos selbstgefertigten Glanzstücken. »The Pearl Globe«, so kann man der zahlenverliebten Inschrift entnehmen, 33 Zentimeter im Durchmesser, markiert mit 12.541 Perlen die Weltmeere, mit 377 Rubinen den Äquator, mit 373 Diamanten die Ekliptik und die Kontinente mit 22karätigem Gold. Der Globus ist von unermeßlichem Wert und verschwenderischer Häßlichkeit. Der General pflegte solche Protzereien, nachgeschmückte Tempel, Freiheitsglocken und dergleichen, vor dem Krieg auf Weltausstellungen zu schaffen, wo er prompt seine kostenlose Werbung in den Zeitungen bekam. Man fragt sich beklommen, was all die erlauchten Pearl-Island-Besucher aus sämtlichen Botschaften und Königshäusern sich beim Anblick des »Pearl Globe« wohl dachten: Britanniens Queen etwa und auch der König von Tonga, André Malraux und Andrei Gromyko, die Delegationen der Wiener Sängerknaben (1959) und der DDR-Volkskammer (1987) und, durchaus auch, die dreißigmillionste Besucherin (1982), eine verlegen grinsende junge Dame.

Vielleicht hat die Honoratioren auch die Vorführung der Perlentaucherinnen draußen auf den Booten entschädigt. Vier Dutzend Frauen sind angestellt. Mit ihren braunen Gesichtsmasken und weißen Anzügen wirken sie wie Krankenschwestern in einem Weltkriegslazarett bei einer Gasalarmübung. Dreizehnmal am Tag absolvieren sie routiniert ihr anachronistisches Synchronschwimmen mit Anmut. Sie und die Frauen, die in den Demonstrationsräumen unfaßbar geschickt Muscheln operieren, Perlen nach Farben ordnen, Perlen bohren, Perlen auffädeln mit weichem Rouletteklicken, retten Mikimotos Würde. Wahrscheinlich ist es immer so gewesen.

Einer Verkäuferin in der Ginza schuldete der Flaneur noch einen Gefallen. »Please come again.«

## *Blaues Wunder*

Etwas unheimlich war es schon, als sich vor etwa sechs Wochen im Bekanntenkreis Klagen zu häufen begannen, man werde in Tôkyô bei den üblichen Verkehrsübertretungen plötzlich erwischt wie ein Anfänger. Die berüchtigte »Woche der Verkehrssicherheit«, in der jeder, dem sein Führerschein lieb ist, alkoholfrei und auch sonst vorbildlich durch Spaliere von Polizisten fährt, schien kein Ende zu nehmen. Er werde wohl alt, meinte der eine Bekannte, der gestellt wurde, als er wie jeden Tag seinen Sohn in die Schule fuhr und dabei die Abkürzung gegen eine Einbahnstraße nahm. Er sei nicht schneller gefahren als sonst, versicherte ein anderer, der – bei Tempolimit 80 – mit genau 128 Stundenkilometern auf einem übersichtlichen Stück Stadtautobahn in die Falle geriet.

Sie gaben alles zu. Zumal die Polizisten der Hauptstadt gewöhnlich nicht den Verkehr mit unsinniger Strenge aufhalten. Irgendwann bemerkte einer der Sünder, daß sich alle Berichte in einem Punkt glichen: Sie alle hatten die Polizeipräsenz, für deren Wahrnehmung jeder routinierte Fahrer Warnreflexe entwickelt, völlig übersehen. Die Lösung der beunruhigenden Serie war rasch gefunden, der Schock lange nicht überwunden: Die Polizeiuniformen waren zum Stichtag 1. April von marineblau zu taubengrau aufgehellt worden, angeblich damit ihre Träger noch deutlicher als freundliche Helfer zu erkennen seien und weniger an Soldaten erinnerten. Das also war es. Die Staatsgewalt tarnte sich perfide mit paraziviler

Kleidung, der Bürger erlebte sein blaues Wunder. Viele Autofahrer haben sich noch immer nicht daran gewöhnt, daß die Polizisten nun zum Verwechseln dem Heer von ältlichen Baustellenwärtern, Parkplatzanweisern und anderen Ordnungskräften gleichen, die in Japans Städten den öffentlichen Betrieb regeln, um die Jahre bis zur Fälligkeit der staatlichen Rente zu überbrücken. Deren Befehlsbefugnis beschränkt sich auf herrisches Winken mit Leuchtstäben und Signale mit Trillerpfeifen; man läßt sie gewähren, solange sie sich nicht zu sehr aufspielen. Die Argumentation der Polizeiführung für die neue Dienstkleidung, die, so scheint es, auch Koppel, Schlagstock und Pistole diskret aus dem Blickfeld nimmt, ist allerdings gerade in Japan abwegig. In keiner Industrienation der Welt ist es so schwer, einen leibhaftigen Soldaten in Uniform zu entdecken, wie in Japan. Das gespaltene Verhältnis zu den »Selbstverteidigungsstreitkräften«, die nach Artikel 9 der (von den Amerikanern vorgeschriebenen) pazifistischen Verfassung gar nicht existieren dürfen, verbannt Japans Militär verläßlich in die Gettos ihrer Kasernen. Selbst hohe Offiziere ziehen der Ausgehuniform den gedeckten Straßenanzug vor.

Es ist angenehm, daß sich eine Armee nicht aufdrängt, die das Volk nicht sehen will. Eine Verkehrspolizei aber, die »under cover« auftritt, ist allzu rücksichtsvoll, mißbraucht Vertrauen und kann den Bürger in den Verfolgungswahn treiben. Uniformen sollen schließlich einen Erkennungsdienst leisten. Gerade in Japan, in einem überbevölkerten Land, das auf die Einhaltung der sozi-8alen Etikette angewiesen ist, kann auf solche

Orientierungs- und Verhaltenshilfen nicht verzichtet werden. Wissen und wissen lassen, wo man hingehört, ist mindestens für Dienstleistungsberufe eine Bürgerpflicht, die das Geschäft belebt und nebenbei das Zusammenleben erleichtert. Mit steigendem Prestige werden die Signale diskreter. Doch sollen Firmennadeln und die purpurne Plüschplakette am Revers der japanischen Parlamentsabgeordneten nicht weniger ausweisen als die schwarzen Kadettenuniformen der Schüler, die nach preußischem Vorbild eingeführt wurden, oder die schreiend bunten Overalls der Jungs an den Tankstellen. Die Frage, ob Schuluniformen und eine vorgeschriebene Haarlänge einen Eingriff in das persönliche Gestaltungsrecht darstellen oder, im Gegenteil, das urdemokratische Recht auf Gleichbehandlung unabhängig von Vermögen und Herkunft garantieren, ist eine typisch westliche und daher in Japan recht müßig. Auf Zweifel mitleidiger Westler reagieren die meisten verständnislos oder mit dem Hinweis, auch andernorts finde niemand etwas dabei, daß Stewardessen, Bauarbeiter, Krankenschwestern oder Feuerwehrleute Uniform tragen. Der Einwand ist ebenso angemessen wie irreführend.

Denn Japan, das erstmals um 1870 Uniformen für Staatsdiener nach europäischem Vorbild einführte, läßt es tatsächlich nicht mit der Verkleidung der klassischen Berufsgruppen bewenden. Kaufhäuser, Banken, alle größeren Unternehmen mit Kundenverkehr unterwerfen mindestens Frauen in untergeordneten Positionen dem Uniformzwang. Doch kein japanischer Personalchef gibt heutzutage noch offen chauvinistisch zu, daß die weiblichen Angestellten als dienstbare Geister kenntlich und austauschbar gemacht werden sollen. Nicht das Unternehmen, die Kundschaft wünsche übersichtliche Rangverhältnisse, verteidigen sie die Praxis, die zunehmend von Frauen als diskriminierend angeprangert und von Mutigen abgelehnt wird. Es seien ja nur Empfehlungen, wiegeln die Manager weiter ab – wohl wissend, daß der Gruppenzwang daraus Befehle macht –, die außerdem den Frauen viel Zeit und Geld beim Auswählen der eigenen Garderobe spare und, so die neueste Variante, sie womöglich auch vor Zudringlichkeiten mancher Kollegen schütze. Diese Mentalität ist nicht notwendigerweise bei Firmen überwunden, die auf Uniformierung verzichten. Sie stellen gewöhnlich strenge Kleiderregeln auf, die mit dem Verbot kurzer Röcke, Jeans oder »durchsichtiger Materialien« auf andere Weise für Gleichmaß sorgen.

Man muß manchen Unternehmen zugestehen, daß sie sich in der Qualität der Uniformen nicht lumpen lassen. Das Angebot im Straßenbild der Städte reicht von kunststoffschillernden Kittelschürzen bis zu passablen Kostümen nach Entwürfen des Modestars Miyake Issey. Einige gehen sogar so weit mit den schlechten Zeiten, die für Familien den Doppelverdienst notwendig machen, daß sie Schwangerschaftsuniformen zur Verfügung stellen. Allerdings wird von einsichtigen Frauen nach wie vor erwartet, daß sie nach der Geburt des Kindes ihren Arbeitsplatz für andere, billigere Nachwuchskräfte räumen. Die japanischen Frauen, die eigentlich nur als Mädchen für sich und dann für Kinder und Ehemann dasein sollen, sind die unbestreitbaren Opfer des Uniformzwangs. Aber keineswegs die einzigen. Der

»salaryman«, das männliche Gegenstück zur »OL« (»office lady«), sieht sich kaum phantasievolleren Kleidergeboten ausgesetzt. Ein ungeschriebener Kodex sieht bis ins Detail vor, daß Grau und Blau im Winter und Beige im Sommer die einzig akzeptablen Anzugfarben sind. Welche Krawattenmuster und Gürtel schicklich, warum gestreifte, überhaupt alle nichtweißen Hemden ein Stilbruch, schiefgelaufene Absätze aber in Ordnung sind.

Wie die realen Uniformierten wechseln die Büroarbeiter massenhaft am 1. Juli zur kurzärmligen Sommerausführung und kehren am 1. Oktober zur Wintersaison zurück. Unabhängig vom Wetter, versteht sich, das an Japans Pazifikküste bis in den Dezember schwülwarm sein kann. Berufsanfänger, die, vom freisinnigen Universitätsleben verdorben, sämtlich am 1. April in ihre Unternehmen »eingeschult« werden, gelten in Fragen der Bürokleideranpassung als besonders gefährdet. Diesen uniformmäßig Ungeübten gingen im Frühjahr 1994 alle Kaufhäuser fürsorglich zur Hand. Das Tokioter Kaufhaus Isetan richtete »Rekruten-Studios« ein, in denen Dutzende eigens geschulte Angestellte die Jungen von Kopf bis Fuß korrekt einkleideten. Der Konkurrent Tobu beließ es bei einer feinen Auswahl von »Rekruten-Anzügen«, die kaum zu unterscheiden, aber mit allerlei standesgemäßen Tips versehen waren. Wer in einer Bank anfange, wurde da etwa geraten, möge einen untaillierten marineblauen Einreiher mit konservativ gestreifter Krawatte wählen, um einen »sauberen und aufrichtigen« Eindruck zu machen. Wer in ein Unternehmen der verarbeitenden Industrie einsteige, hieß es beim Ständer nebenan, möge sich einen marineblauen Einreiher mit feinsten dunkelgrünen Nadelstreifen aussuchen, um einen »sauberen und unauffälligen« Eindruck zu hinterlassen. Die Umsätze sollen, wie man hört, die Dankbarkeit der Beratenen vorteilhaft zur Geltung gebracht und den Aufwand gerechtfertigt haben.

Den Heerscharen marineblau uniformierter Käufer blieb diesmal immerhin der Trost, sich auf der Straße von den Polizisten deutlich besser abzuheben als je.

## *Das Tanken und das Selbst*

Es muß Menschen geben in Japan, die tanken fahren, statt einen trinken zu gehen, wenn sie von Trübsinn gequält werden. Denn nirgendwo wird im japanischen Alltag jedem Dahergelaufenen so viel eilfertige Aufmerksamkeit und Geborgenheit zuteil wie an den 59.000 Tankstellen des Landes. Weder im Kaufhaus noch im Restaurant, nicht beim Arzt noch beim Friseur kann man eine vergleichbare Dienstauffassung genießen. Tankwarte sind in Japan noch, was sie vor Jahrzehnten wohl auch einmal im Westen waren: Spezialisten in einem Pflegeberuf für den Menschen und sein liebstes Gefährt. Sie bilden eine fabelhafte Mischzunft aus Barkeeper, Mechaniker, Fensterputzer, Fremdenführer, Masseur und Butler. Bei ihnen wird man mit Benzin bewirtet, bei ihnen hat Sprit noch etwas mit Seele zu tun. Der Kunde rührt keine Hand, setzt keinen Fuß vor die Wagentür. Am Ende bezahlt er und fühlt sich erleichtert und bereichert.

Um die Tankwarte, ausgerechnet um diese Spezialisten und ihren einzigartigen Service, ist nun ein nationaler Streit entbrannt. Die Regierung und Automobilklubs wollen, angeblich im Namen der Deregulierung, daß das fahrende Volk künftig wählen kann, ob es seine Wagen betanken lassen oder selbst tanken will. Bis zu dreißig Yen (umgerechnet mehr als fünfzig Pfennige) pro Liter könnte der Benzinpreis sinken. Die Mineralölgesellschaften sind strikt dagegen. Nicht nur Arbeitsplätze und Gewinnspannen wären in Gefahr, sagen sie, sondern Leib und Leben der in den Widrigkeiten des Zapfens völlig unerfahrenen motorisierten Öffentlichkeit. Wer, fragen sie, werde denn für die schrecklichen Unfälle verantwortlich sein, wenn Benzin vergossen würde oder glühende Zigarettenkippen in offene Tanks fielen? Die Verursacher etwa?

So einfach wie in Hitchcocks »Die Vögel« liegen die Dinge nicht in Japan, wo man daran gewöhnt ist, in allen Lebenslagen, die etwas Eigeninitiative verlangen, über Lautsprecher, durch herrische Männer- oder sanfte Mutterstimmen, vor Fahrlässigkeiten gewarnt zu werden. Und wer im Tokioter Straßenverkehr ständig entsetzt beobachtet, daß Säuglinge grundsätzlich auf dem Schoß ihrer Eltern auf dem Vordersitz und Kleinkinder, auf den Rückenlehnen stehend, bei geöffneten Schiebedächern zu reisen pflegen – Kinder, keine Frage, mögen das so –, kann daran zweifeln, ob Japan für das Abenteuer des Selbsttankens reif ist. Viel wichtiger aber ist es zu verhindern, daß ein bedeutendes Stück Alltagskultur und Therapie verschwindet.

Das Wohlgefühl setzt unmittelbar bei der Einfahrt in die Tankstelle ein, wenn ein mehrstimmiges fröhliches *irasshaimase* (Willkommen) den Kunden begrüßt wie einen ehrenwerten alten Verwandten. Je nach Betrieb springen sogleich zwischen zwei und vier junge Menschen in adretten Uniformen – Tankstellengehilfe ist ein beliebter Teilzeitjob für Abiturienten – auf das Auto zu. Sie dirigieren und rufen Empfehlungen, fragen nach den Wünschen, nehmen Discountkarten und gefüllte Aschenbecher entgegen. *High-Oku, mantan,* Super (derzeit etwa 2,10 Mark pro Liter), volltanken, was sonst. Lautlos wird der Zapfhahn in den Tankstutzen geschoben, lautlos beginnen die Jungs, sämtliche Scheiben zu wienern. Alles im Laufschritt, versteht sich. Der Aschenbecher wird gereinigt und, mit wohlriechenden Kügelchen versehen, zurückgereicht.

Weitere Wünsche, Öl, Wasser, Luft, neue Scheibenwischer gefällig? Ja? Wunderbar, die Behandlung geht weiter. Nein? Ach gut. Dann die Rechnung mit leichter Verbeugung. Sie rennen mit dem Geld – nie lassen sie eine Münze fallen, nie erwarten sie Trinkgeld – zur Kasse und zurück und weiter auf die Straße, wo sie den fließenden Verkehr in der gewünschten Richtung anhalten. Während von der Tankstelle ein mehrstimmiges, schlichtes »Vielen herzlichen Dank« herüberklingt, verneigt sich der Lotse auf der Straße untertänigst. Der Kunde gleitet, nach der Rundumversorgung entspannt, zurück in den Verkehr, nicht selten in die nächste vollkommen verkehrsberuhigte Stauung, die er nun so lässig erträgt wie einen überfüllten Zug nach einer Vollmassage.

Es soll einer behaupten, dieser wunderbar choreographierte Boxenstop, der aus jedem Fahrer einen wirklichen Automobilisten macht, sei seinen Aufpreis nicht wert. Gerade in Japan, wo die Mautgebühren auf Autobahnen für einen Mittelklassewagen längst bei über vierzig Pfennig pro Kilometer liegen und weiter steigen. Die Gegner des Selbsttankens in Japan behaupten ohnehin, der Benzinpreis würde kaum sinken, die Gewinnspannen und die Jugendarbeitslosigkeit statt dessen steigen. Von der Feuergefahr gar nicht zu reden. Sie erinnern daran, daß nach dem Großen Erdbeben in Kôbe im Januar 1995 nicht ein einziger Brand auf einer Tankstelle ausgebrochen sei. Auch habe es keine Benzinknappheit und Wartezeiten gegeben, dank des erfahrenen und umsichtigen Personals. Außerdem verfügten neun von zehn Tankstellen in Japan nicht über eine Fläche von tausend Quadratmetern, dem minimalen Bewegungsraum für die Einrichtung von Selbsttanksäulen. Das ist alles brav argumentiert und mag alles sein.

Das gewichtigste, das soziotherapeutische Argument fällt den Kritikern seltsamerweise nicht ein. Dabei ist es so einfach: Wer einen Rest von Stolz und Wohlgefühl unter Japans gepreßten, um freie Fahrt und viel Geld betrogenen Autofahrern erhalten will, muß das Tanken und das Selbst getrennt halten.

## *Hochverrat an einem Monster*

Godzilla ist tot. Seit dem Heiligen Abend versinkt das Monster jeden Tag in Japans Kinos mit dampfendem Odem und schaurigem Stöhnen Hunderte Male in den trüben Fluten der Bucht von Tôkyô und taucht nicht mehr auf. Seine Gemeinde, von den Medien über Wochen auf den Trauerfall eingestimmt, nimmt ziemlich gefaßt Abschied. Doch manche Verehrer pilgern zu dem soeben von Godzillas Hausstudio Tôhô enthüllten Denkmal, tränenumflorten Blicks hinwegsehend über die mikkrige Figur von gerade einem Meter Größe. Reisebüros bieten Gedenkgänge zu den beliebtesten Tatorten des Untiers an, in die Ginza, zu namhaften Hochhäusern nach Shinjuku und natürlich zum Tôkyô-Tower, der Eiffelturmkopie, in die *gojira* so unvergleichlich zart zu beißen verstand wie in eine eisgetränkte Waffel. Bald neunzig Millionen Menschen in aller Welt hat Japans berühmtester und einträglichster Filmstar in 22 Filmen glänzend und verläßlich unter Niveau unterhalten. So leicht wie es klingt, ist es nicht.

King Kong war ein primitiver Stümper und deutlich zu klein gewachsen, um New York in angemessener Zeit auszuradieren. Alien tötete auf ekelhafte Weise vor aller Augen. Beide Monster zeigten einen für japanische Begriffe lächerlich kurzen Atem. Kein anderer Serienheld hat so ausdauernd und verheerend gewütet, niemand hat annähernd so diskret Massenmorde begangen, indem er geschäftig Städte verbrannte, Schiffe versenkte, Kampfflugzeuge abklatschte und mit Panzern um sich warf, ohne daß die Kamera je beschädigt wurde oder gar blutende Menschen entdeckt werden konnten, wie Godzilla. Japans Stadtväter rissen sich darum, das tourismusfördernde, Unsterblichkeit verheißende Privileg einer Totaloperation durch Godzilla zu erlangen. Architekten feierten die Zermalmung ihrer Balsaholz-Modelle als persönliche Auszeichnung. Selbst die »Selbstverteidigungsstreitkräfte«, im pazifistischen Nachkriegsleben der Japaner ungeliebt und verdrängt, wußten es zu schätzen, in jedem Godzilla-Film wenigstens als planlose Tölpel mit possierlich wirkungslosem Kriegsgerät mitspielen zu dürfen. »Aaaah«, riefen die Komparsenbataillone erschrocken, bevor sie Godzillas Beute wurden, auch gelegentlich »Eeeeh«. Man konnte sich jedenfalls darauf verlassen, daß Godzilla sämtliche Sehenswürdigkeiten der jeweiligen Gegend gründlich zerstörte, bevor er sich ans Retten des Landes vor einem noch übleren Monster machte. Denn wahrhaftig, er schlug sich für Japan; und sei es auch nur, um sein Vernichtungsmonopol zu wahren. Es war ein festliches Leiden. Wahrhaftig, ein Weihnachten ohne die Bescherung einer Godzilla-Premiere war so lahm wie ein Betriebsausflug ohne Bier und Karaoke.

Es soll nun Menschen geben, denen Godzilla nichts bedeutet. Doch selbst diesen unbegreiflichen Verächtern des klassischen Monsterfilms, die den feinen Unterschied zwischen verwüsteten Nationen zum Zwecke ihrer Reinigung einerseits und abgesägten Gliedmaßen aus Mordlust andererseits nicht gelten lassen, hätte der politische Symbolwert von Godzillas Todesnachricht Mitte Dezember 1996 nicht verborgen bleiben dürfen.

Denn es gibt nicht nur Japans dienstältestes Monster, geboren 1954 als böse verstörtes Protestgeschöpf gegen die frühen Atomversuche auf dem Bikini-Atoll, seine letzte Vorstellung während der vermutlich endgültigen Testsalve der Nuklearmächte. Seine Mission ist erfüllt, wer sonst hätte die Welt zur Einsicht bringen können. Brava, Godzilla. Zugleich aber entflieht die einst erschütternd unbeholfene Sauriermutation, die einige Millionen Jahre samt dem pazifischen Krieg auf dem Grund des Südpazifik verschlief und in ihren vernichtenden Landgängen über den jeweils neuesten Höchststand des Städtewiederaufbaus hinauswuchs, zugleich einem Mythos. Nämlich dem Leben in einer Nation, die sich mit der ihr eigenen Dialektik als einziges Atombombenopfer beklagt und sich zum letzten Betreiber »Schneller Brüter« aufschwingt. Es sind, so scheint es, die Dinge in der zweitgrößten Industrienation der Erde für Monster der Art, die sich nicht auf Compuserve verstehen, sondern alles zu Fuß erledigen, zu kompliziert geworden.

In Wahrheit siegt natürlich nicht Godzillas letzter Gegner »Destroyer«, eine der lausigen, mißgestalteten Sparrings-Kreaturen, die immer nur die ersten Runden gewinnen: Das letzte dampfende Abtauchen Godzillas in der Tôkyô-Bucht, eben dort, wo das Urvieh gewöhnlich seine Ausflüge zu beginnen liebte, ist – je nachdem, welche Initiative man ihm zutraut – zweifellos entweder als stolzer Selbstmord oder als perfide Frühpensionierung mit Todesfolge zu verstehen. Niemand und nichts als sich überlebt zu haben, konnte Godzilla überwältigen. Um so tragischer scheint manchen seiner Bewunderer der Verdacht, daß man ihn sterben ließ, um seine schuppige Haut zu Markte tragen zu können: Hollywood, genauer gesagt Columbia Tri-Star Pictures, hat das Recht erstanden, seine Leiche zu fleddern. Godzilla, der in seinen letzten Filmen durchschnittlich vierzig Millionen Dollar an der Kinokasse wert war und das Vierfache in sogenannten Merchandizing-Profiten, wurde verraten und verkauft. Pfui, nach all den Jahren.

Im Jahre 1998 trat ein, was zu befürchten gewesen war: das feinsinnige japanische Monster, das bis zuletzt auf hergebrachte Weise von schwitzenden Darstellern unter einer neunzig Kilogramm schweren Gummihaut beseelt worden war, wurde von Computern reanimiert und überhaupt auf »Jurassic-Park«-Einheitsformat herabgewürdigt. Blutrünstig, amerikanisch, zeitgemäß runderneuert, schrecklich. Vor allem, weil auch japanische Kinder das virtuelle Vieh liebten wie ihre Eltern das Original. Eigentlich ist Godzillas Veräußerung ein kultureller Hochverrat. Wenn man sich daran erinnert, daß er regelmäßig halb Tôkyô auslöschte, auch das Parlament verwüstete, vor dem Kaiserpalast aber innehielt und sich nachdenklich der See zuwandte – eine Szene, die mit einem Essay von Mishima Yukio verglichen wurde. Wenn man bedenkt, daß Godzilla, ein »rächender Gott« nach Auffassung prominenter Verehrer, die Seelen der japanischen Kriegstoten personifizierte. Daß er noch in »Godzilla versus Ghidora« (1992) gegen kaukasische Bösewichter kämpfte, die im 22. Jahrhundert das mächtigste Land der Welt, Japan natürlich, mit Hilfe einer Zeitreise in unsere Tage vorsorglich ruinieren wollten. Wer also weiß, daß kein Monster Japan je so ernst nahm und wieviel das Land seinem treuen Zerstörer und Wohltäter schuldet, wird nicht Godzillas Tod beklagen, sondern seine monströse Wiedergeburt fern der Heimat.

## *Tempelglockenstoff oder Wie Kanebô Japans Gesicht wahrt*

Es sei lachhaft und ärgerlich, beschwerte sich vor Jahren die hochbetagte Dame S. Yumiko in einem Leserbrief, wie dreist in den historischen Fernsehdramen über die Feudalzeit die Frauenfiguren gefälscht würden. Da plauderten Adlige ständig mit niederem Volk wie mit ihresgleichen – »vollkommen unmöglich« –, da lächelten sie mit blendend weißen Zähnen in die Kamera, und selbst einfache Bäuerinnen seien elaboriert mit Lippenstift und Rouge geschminkt und adrett gewandet wie Mannequins. Alles barer Unsinn. Jeder wisse, schrieb die Dame, daß sich Japanerinnen die Zähne schwärzten und daß nur Geishas, Schauspielerinnen und Hofdamen überhaupt geschminkt waren. Noch ihre Mutter, erinnerte sich die Kritikerin S. aus einer entlegenen Provinz nördlich von Tôkyô, habe sich bis in die zwanziger Jahre hinein die Augenbrauen rasiert und die Zähne geschwärzt, weiße Schminke nur zu Hochzeiten, Bestattungen und Tempelfesten aufgelegt. Sie jedenfalls glaube Filmen, die die Wahrheit der neuesten Mode opferten, nichts mehr. Sie lese lieber vom Zähneschwärzen und vom Hochmut des Adels. Natürlich hat S. Yumiko ganz recht. Sonderbar und rührend ist nur, daß sie überhaupt Authentizität, ungeschminkte Wahrhaftigkeit von Filmen erwartet.

Man wüßte gerne, wie die gestrenge Greisin die Sitte japanischer Kosmetikhersteller kommentierte, die bis vor wenigen Jahren fast nur mit kaukasischen Modellen, weißen Frauen also, ein Schönheitsideal anpriesen, das Japanerinnen naturgemäß unerreichbar ist. Ein Ideal, daß eigentlich Neid, Sehnsucht oder Gleichgültigkeit erregen müßte und sich dennoch glänzend verkaufte. Auch die drei berühmtesten Maskenbildner Japans, Shiseidô, Kanebô und Kao, die um die Wette einen Markt im Wert von jährlich fast zwanzig Milliarden Mark zu beherrschen suchen, konnten nicht die Illusion von hohen Nasenrücken, großen Augen, schmalen Lippen, doppelten Lidfalten, prallem Busen, dünnem Haar erschaffen. Kosmetische Chirurgen in Japan verdienten sich bis Ende der achtziger Jahre ihre Villen und Jachten an dem törichten Komplex, fremde Schönheit der eigenen vorzuziehen.

Frauen schämten sich ihrer sinnlichen Lippen und mandelförmigen Augen, ihrer wunderbar glänzenden, starken Haare, von denen ein einzelnes auf hellem Boden noch aus einigen Metern Entfernung mühelos wahrgenommen wird. Sie bleichten ihren bronzefarbenen Teint mit »whitening cremes« bis zur clownesken Übertreibung. Als alles, Gott sei Dank, nichts half, und die wohlhabend werdenden Japanerinnen einsahen, daß sie bei allem Aufwand Japanerinnen bleiben würden, entschlossen sich die meisten endlich, der Verfremdung ihrer Körper und Entmündigung ihrer Gesichter ein Ende zu machen. Seither ist die Emanzipation vom Westen zu spüren. Als Kanebô 1987 aus Anlaß seines hundertsten Firmenjubiläums »La Crème« auf den Markt brachte – angesichts des Preises von fünfzigtausend Yen (etwa siebenhundert Mark) ohne Hoffnung auf einen Erfolg –, fanden sich erstaunlich viele Frauen bereit, die »wertvollste Creme der Welt« zu erwerben. Vielleicht markiert das Ereignis den Zeitpunkt, da Japanerinnen ihr Gesicht nicht mehr zu wahren meinten, indem sie es verdecken, sondern indem sie es betonen.

Um nichts geringeres als diesen Entfesselungsakt der japanischen Frau »im gesunden Einvernehmen mit der Natur« war es Kanebô seit einem Jahrhundert zu tun, wenn man den enthusiastischen Beteuerungen im Tokioter Hauptquartier folgt. Von der Gründung der Baumwoll-Handelsgesellschaft im Stadtteil Kanegafuchi – daher Name und Glockensignum nach *kane,* Tempelglocke, und *bô,* Stoff – just in dem Jahr, 1887, da die Gemahlin des Kaisers Meiji ihre Untertanen damit schockierte, ihre Zähne nicht länger schwarz zu färben, bis zum heutigen Hochtechnologie-Konzern sieht sich Kanebô im edlen Dienst weiblicher Schönheit und Gesundheit. Der Firmenslogan »For beautiful human life« (für das mit japanischem Englisch, einer eigenen Sprache, unvertraute Europa korrigiert zu »For a beautiful life«) ist jedem Kind ein Begriff, was immer es darunter versteht.

Kanebô war der Marktführer, als die junge Industriemacht Japan wenig andere Exportware zu bieten hatte als Baumwolle, und stieg seit Kriegsende mit Fertigungen in Brasilien, Indonesien und anderswo zum weltweit größten Textilhersteller auf. Die Wende zur Diversifizierung wird in der Firmengeschichte 1960 mit einer veritablen Magna Charta eingeleitet: Kanebôs »Totale-Schönheit«-Deklaration. Mit der völlig unironischen Ernsthaftigkeit, die japanischen Unternehmensphilosophien eigen ist, ging das Unternehmen im Jahr darauf ans Werk und stieg ins Kosmetikgeschäft ein. Es folgen 1964 der Exklusivvertrag mit Christian Dior und die Herstellung von Kanebô-Lebensmitteln, 1966 die Gründung einer pharmazeutischen Tochterfirma, 1969 die Entwicklung von Fertighäusern, Umwelttechnologie, einem Maklernetzwerk, gekrönt, 1970, von Kanebôs zweiter Deklaration einer privaten Zeitenwende: »Das erste Jahr der Mode.« Zehn Jahre später ruft Kanebô folgerichtig das »Zeitalter der Frau« aus, seit 1990 gilt die Erklärung »Kunst durch Technologie«. Inzwischen gibt es kaum noch etwas, was die Kanebô-Gruppe in ihrem »Pentagon der Aktivität« nicht herstellt, von Seidenstoffen bis Zahnersatz, Glasfiber für Flugzeugtragflächen, Reformkost, integrierte Computersysteme, Krebsmedikamente. Das totale Kanebô-Geschöpf kann, reichliche Geldmittel vorausgesetzt, dank dieser Rundumversorgung schönere Kleider tragen, besser essen, wohnen, aussehen, länger und glücklicher leben, ganz nach dem jüngsten Firmen-Kampfmotto »Verbesserte Natur«.

Um die Qualität dieser respekteinflößenden Produktpalette im einzelnen zu beurteilen, bedarf es des versammelten Sachverstands von Biochemikern, Architekten, Pharmazeuten, Textilkaufleuten. Überläßt man den Befund, was die Kanebô-Gruppe mit ihren 23.000 Mitarbeitern in 25 japanischen Werken und etlichen internationalen Niederlassungen wert ist, jedoch dem Markt, entstehen Zweifel an der Weisheit des Konzepts, überall dabei zu sein, aber in keiner Branche zu führen. Der Konzernumsatz, 1992 noch acht Milliarden Mark, 2,6 Milliarden davon im Kosmetikgeschäft, fiel im Jahr 1994 um 25 Prozent. Kanebô schrieb danach rote Zahlen, schüttete keine Dividenden aus, kürzte drastisch die beiden saisonalen Bonuszahlungen, verkaufte Grundstücke, um seinen Schuldendienst bei den Banken leisten zu können. In vier Jahren soll die Belegschaft um 15 Prozent sinken, nicht durch Entlassungen, wie es Japans Großindustriekodex einstweilen noch verfügt, sondern durch Frühpensionierungen und reduzierte Neueinstellungen.

Man sprach schon vor Jahren davon, den ebenso traditions- wie verlustreichen Textilbereich alsbald abzutrennen; man sprach auch von einer Aufgabe defizitärer Produkte wie Nahrungsmittel, Fertighäuser und so fort. Andere japanische Konzerne haben ähnliche Probleme, ihre von der »Luftblasenwirtschaft« Ende der achtziger Jahre grotesk aufgeblähten Unternehmen kargeren Zeiten anzupassen. Selbst wenn das einst wehrhafte »Pentagon« Kanebôs nicht mehr zusammenzuhalten ist, als Kosmetikhersteller, weltweit an zwölfter, in Japan an dritter Stelle, ist seine Konkurrenzfähigkeit unbestreitbar. Im firmeneigenen Hochhaus in Kaigan nahe der Tôkyô-Bucht wurde man nicht müde, die überlegene Reinheit, Zuverlässigkeit und Wirksamkeit der Kanebô-Kosmetik zu erläutern. Die Anforderungen des japanischen Gesundheitsministeriums seien außergewöhnlich streng – oder auch willkürlich zugunsten japanischer Hersteller entwickelt, wie entnervte Importeure behaupten –, Vertriebswege und Beratung in Kanebôs 33.000 Verkaufsstätten in Japan genügten höchsten Ansprüchen.

Das mag so sein. Es scheint allerdings, daß immer weniger Japanerinnen geneigt sind, ein protektionistisches Kosmetikkartell, das seine Preise

Großhändlern, Parfümerien und Kunden diktiert, mit Kaufpreisen zu subventionieren, die bis zu sechzig Prozent über denen in Europa und Amerika liegen. Shiseidô, Kanebô und Kao, die großen drei der Branche, stehen zusammen, wenn es um die Entmutigung von Discountern und den Widerstand gegen die »Fair Trade Commission« geht. Diese hat der Branche vor Jahren dringend empfohlen, das Preisbindungsdiktat bis zum Jahre 2002 aufzugeben. Kenner der Kosmetikherstellung sagen, die Gewinnspannen seien abenteuerlich, selbst wenn, wie bei Kanebô, nur die edelsten und seltensten Ingredienzen verwendet werden. Extrakte von Orchideen, Pfirsichkernen, Ginseng-Wurzeln, grünem Tee sind noch die geläufigsten Begriffe in den geheimnisvollen Rezepturen Kanebôs. Bei Wirkstoffen wie Glycyrrkizinen und Hyraluronaten, die zweifellos für den »Bio Humectant Complex B« (volksmundlich: Babyhaut-Effekt) von »La Crème« enorm bedeutend sind, wird die Diskussion mit Kanebô etwas einseitig. Mehr als ein kompetentes »Aha« dürften die wenigsten Verbraucher zu all dem himmlischen Teufelszeug in den Kanebô-Broschüren, den »biotechnologischen Hochleistungswirkstoffen« und den dekorativen Querschnitten durch ölige Haut, die an geologische Schichtdiagramme erinnern, nicht anzumerken haben.

Das müssen sie auch nicht, Vertrauen sollen sie haben. Auf die Frage, ob der Erfolg von »La Crème« und ihrer neuen Ganzkörperversion »La Crème pour le Corps« nicht auch mit jenem psychologischen Effekt zu erklären sei, der Gäste in Drei-Sterne-Restaurants daran hindert, Korken im Wein zu schmecken, folgt in der Kanebô-Zentrale erst Staunen, dann Heiterkeit. Auch nur anzunehmen, der Erfolg eines Produkts sei gerade bei dem ebenso subjektiven wie unvermeidlichen Alterungsprozeß dadurch zu sichern, daß der Preis exorbitant genug ausfällt, scheint bei Kanebô so frevelhaft, daß man darüber nur lachen kann. Nein, natürlich sind alle zweitausend Kosmetikprodukte, die Kanebô in Japan anbietet, jeden Yen wert, den sie kosten. Dasselbe gilt für Europa, wohin sich Kanebô erst 1979 wagte, es gilt besonders, wie versichert wird, für die angeblich anspruchsvollen, nachdenklichen, preisbewußten Deutschen: »Unsere Zielkundin ist weltoffen und lebensbejahend, pflege- und konsumorientiert, selbstbewußt und kritisch. Ihr frei verfügbares Einkommen ist überdurchschnittlich hoch«, heißt es in einem marktstrategischen Papier. Es trifft sich glücklich, daß mit dem Altern für viele tatsächlich das verfügbare Einkommen wächst und die Bereitschaft, es gegen das Altern einzusetzen. Achtzehnjährige Japanerinnen mögen eines Popidols wegen massenhaft Kanebôs Lippenstifte kaufen (»Come to me with Superlip«), aber sie sind launische, schwierige Kundinnen, solange sie an ihre eigene Unsterblichkeit glauben.

Daß aufhellende Gesichtstinkturen wie »Virgin White« von Kanebô in Europa nicht feilgeboten werden, bedarf keiner Erläuterung. Um so mehr bemüht sich Kanebô, den kaukasischen Frauen mit japanischer Ästhetik, Akupressur und »Ki-Energie« zu imponieren: Die erhabenen Blicke durch geöffnete Papiertüren auf einen rotblättrigen Baum oder von einem Gipfel herab auf niedere Kuppen in einem wallenden Nebelmeer spielen mit Klischees, die zwischen Zen und New Age changieren. Kanebô hat recht, wenn es die Not, ein exotischer Nachzügler der Branche in Europa zu sein, als teure Tugend vermarktet.

Wie kritisch ist die japanische Konsumentin? Pasten zum Zähneschwärzen könnte ihnen wohl nicht einmal Kanebô verkaufen. Aber man bekommt Zweifel, wenn man liest, wie leichtgläubig sie in Massen sogenannte »Slimming Cremes« samt einem Schwitzkorsett applizieren, in der Hoffnung mühelos abzunehmen. Man macht sich Sorgen um ihre körperliche und geistige Gesundheit, wenn sie ihre diskrete Schamhaftigkeit so weit treiben, obskure Medikamente (»Etiquette Beau«, 1995) im Selbstversuch zu nehmen, die für Tage eine geruchlose Verdauung bewerkstelligen sollen. Man ist halbwegs beruhigt, wenn bei Kanebô eingeräumt wird, Pheromon-Textilien, Stoffe, in die Mikrokapseln mit synthetischen männlichen Sexualdüften eingewebt sind, seien leider, anders als die Eau-de-Cologne-Variante (»Sex Angel«), nicht angenommen worden. Zu teuer, wird erklärt, der Duft verlor sich beim Waschen zu schnell. Ob Parfüm in Japan so schwer verkäuflich ist – der Marktanteil liegt nach Kanebôs Angaben bei fünf Prozent, gegenüber dreißig Prozent in Europa –, weil Japaner weniger Schweißdrüsen aufweisen und kaum unter Körpergeruch leiden, ist eine Frage, die zu gewagten kulturkosmetischen Spekulationen verführt. Wenn sie zu klären ist, wird Kanebô sie eines Tages gewiß klären. For a beautiful life.

## *Heimgeläut*

Unbetreute Momente gelten im engen japanischen Leben als potentiell gemeingefährlich. Zu den bedeutenden Sozialleistungen dieses Gemeinwesens, erbracht in unausweichlicher und unermüdlicher Fürsorglichkeit vom Staat und beauftragten Autoritäten wie Polizisten, Lehrern, Eisenbahnern, zählt daher die verantwortungsvolle Nutzung des öffentlichen Lautsprechersystems. Flächendekkend für den Katastrophenfall eingerichtet, der jedoch trotz zahlreicher Erdbeben die teure Anlage im Normalfall steuerverschwenderisch unausgelastet ließe, wird das System (im Amtsjapanisch *spîka* nach englisch »speaker«) zu allerlei praktischen Mahnungen und deutlichen Erinnerungen benutzt. Ermunterung, so versichern die Betreiber, nicht Entmündigung sei das Ziel, Lebenshilfe mit Übersicht. Eine Übung der freiwilligen Feuerwehr auf dem Land also, in der Stadt auch die dringende Aufforderung am Wahlsonntag, das nächste Lokal aufzusuchen: Die stets etwas besorgten Frauenstimmen aus dem Trichter nebenan sind nicht zu überhören. Gemeinnutz geht vor Lärmschutz.

Da aber auch in Japan nicht täglich geübt und gewählt wird, hat man in den 23 Stadtteilen Tôkyôs schon vor Jahren den hübschen Einfall gehabt, das Nützliche einer täglichen Funktionsprüfung mit dem Angenehmen einer kollektiven Erziehungsfunktion zu verbinden. Seither erklingen an jedem Tag des Sommers (1. April bis 23. September) um 18 Uhr und an jedem Wintertag (Rest des Jahres) um 17 Uhr beliebte Volksliedmelodien. Sie erinnern an elektronisches Orgelgeläut und sollen alle Kinder auffordern, die Straßen und Spielplätze bitte zu räumen und sich direkt nach Hause zu begeben. Die Stadtväter jeder Tokioter Gemeinde senden ihr eigenes Signal in ihrer Nachbarschaft. Einige verlassen sich allein auf die pädagogische Kraft des Spielschlußsignals, andere lassen noch eine muntere Surrogatmutter verkünden, daß es nun aber wirklich Zeit und morgen auch noch ein Tag sei. In Toshima-ku zum Beispiel vertraut man darauf, daß die Kinder unter ihren 270.000 Schutzbefohlenen mit einer sanft dröhnenden Version von »Furusato« auf den Heimweg zu bringen sind. »Kaninchen jagen in den Bergen/Fische fangen in den Flüssen ...«, ermutigt das Liedfragment jeden Tag die Mädchen und Buben und jeden, der den Text kennt. Alle, die einmal Mädchen oder Bub waren, kennen ihn.

So ist es zur Mahnung auch Nostalgie, eine sehnsüchtige Erinnerung an Schulspeisung und Mutterstrenge, die aus 75 Lautsprechern das enge Straßenknäuel Toshima auf 13 Quadratkilometern durchströmt. Es ist der Existenzbeweis von Autorität in dieser Stadtteilarbeit, der unseren Nachtwächtern, Fabriksirenen, Kirchturmuhren und ihren lausigen Digitalnachfahren verloren ging. Welches Kind wüßte im Westen noch, was zu tun ist, wenn ihm die Stunde schlägt? Wir in Toshimaku wissen noch, wann die Kinder heimkommen, an unseren womöglich mit Fisch und Kaninchen reich gedeckten Tisch. »You'll never walk alone.« Dieses eiserne Versprechen, nie allein gelassen zu werden, gibt der FC Liverpool seinen Fans über seinem Stadiontor in der Anfield Road. Japan macht solche Versprechen nicht. Es hält sie. Aber nicht eisern, sondern weich, durch Mutter Staat. Wir beklagen das nicht. Wir wundern uns und ahnen nicht, wie sehr wir das Geläut eines Tages vermissen werden.

## *Nachsatz*

Die vorliegenden Texte entstanden – mit Ausnahme von »Good Morning, Japan« – in den Jahren von 1990 bis 1997 für die *Frankfurter Allgemeine Zeitung*, als Japan aus einem beispiellosen Boom immer tiefer in eine Depression glitt, in der das Land bis heute verharrt. Es wurden nur vereinzelt geringfügige Änderungen vorgenommen.

Gleichwohl glaubt der Verfasser, daß die Texte das zeitgenössische Japan aus der Sicht eines Ausländers heute nicht minder authentisch bezeugen als damals.

Japanische Namen erscheinen – wie es der Respekt vor den Landessitten gebietet – mit vorangestelltem Familiennamen. Die Umschrift japanischer Begriffe folgt dem Hepburn-System, Längungen der Vokale werden durch ein ^ über dem Buchstaben gekennzeichnet. Für die Aussprache gilt als Faustregel, daß Vokale wie im Deutschen, Konsonanten wie im Englischen ausgesprochen werden.

Der herzliche Dank des Verfassers gilt Herbert Worm (Universität Hamburg), der die Jahre in Tôkyô und seither mit wissenschaftlichem und freundschaftlichem Rat begleitete – und auch dieses Buch vor manchen Fehlschreibungen bewahrte.

Washington, D.C.
Im Juli 2000